「定年後」の“お金の不安”をなくす

貯金がなくても安心老後をすごす方法

Eliminate the fear of money after retirement

大江英樹

SOGO HOREI PUBLISHING CO., LTD

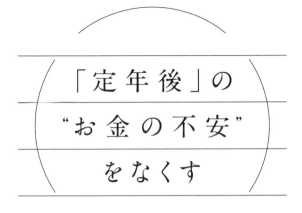

はじめに

定年が近いけどお金がない！

サラリーマンにとって「定年」は人生の一大事です。多くの人は定年という言葉には「好きなことができるようになる」という楽しみな気持ちがある一方、「でも、安心できるほど蓄えがない」という不安な気持ちの両方を感じるのではないかと思います。特に年齢が50代に入ってくると定年までの期間が10年足らずとなるため、「そろそろ考えなくちゃいけない」「でも、何からどうやって考えていいのかわからない」という人は多いでしょう。私も長年、サラリーマンをやっていました。定年になってから7年が経ちますが、今から10年くらい前は、まさにこの両方の気持ちが複雑に入り混じっていました。特にお金の面について言えば、私は他の人に比べるとかなり蓄えが少なかったこともあって、なかなか不安を拭い去ることができませんでした。

ところが結論から言えば、サラリーマンの場合は、老後のお金についてはあまり過剰に心配する必要はないのです。実際に自分が体験してきたことに基づいて言えば、やり方さえ間違わなければ、それほど案ずることはありません。むしろ、老後のお金の不安を煽《あお》るマスコミや金融機関に乗せられて、不用意に退職金等のまとまったお金を投資してしまうことの方が、よほど老後のリスクだと思います。そもそも、定年退職時に何千万円も持っている人など、ほんの一握りしかいないでしょう。多くのマスコミや金融機関は「定年時に○千万円ないと老後破綻」と喧伝《けんでん》しますが、ほとんどの人は実際に破綻などしていません。それは経験してみるとよくわかるのです。

本書では、「たとえ定年時にそれほど蓄えがなくても大丈夫」ということの理由を順序立てて説明していきます。最初に基本的に知っておくべきことから始まり、年金不安を解消する、そして収支の考え方、働くことの意味、資産運用で気をつけるべきこと、といったテーマ毎に章が並び、最後に「本当に大切なことは何か?」という観点でまとめてあります。どの章から読み始めていただいても構いませんが、第1章だけは最初に読むことをお勧めします。

また、定年前の方だけではなく、既に定年になって何年か過ぎたという方にとってもここからの生活を考えるうえで参考になるヒントがたくさんあると思います。人生100年時代は、定年後が長いということを意味します。そんな長いセカンドライフを楽しむために本書が少しでも良きご参考になればと願っております。

ブックデザイン　西垂水敦・市川さつき（krran）
本文デザイン　中西啓一（panix）
校正　矢島規男
図表・DTP　横内俊彦

CONTENTS［目次］

第3章　「収入」よりも「支出」が大事

第4章　働くことで老後不安は解消

第1章

人生100年、でもお金がない

1 老後不安の正体

私は今までに、定年後の生活やライフプランについて何冊か本を書いています。そして、全国でそれらをテーマにした講演も多くこなしています。大体において、老後の話をテーマにした講演はとても関心が高く、2018年にある地方で講演をした時などは、定員50名に対して申込みが180名を超え、急遽、会場設営を大幅に変更したほどでした。

なぜ、これほどまでに老後に関するテーマには関心が高いのか。その最大の理由は「老後不安」にあると言ってもいいでしょう。世の中には老後不安があふれています。特に、最大の不安はお金に関するものです。ところが、ここに不思議な現象が存在します。

例えば、私は前述のような講演会の席上、会場にいらっしゃった方々にしばしば質問を投げかけます。「みなさん、老後は不安ですか？　不安な人は手を挙げてください」と。すると、ほとんどの人は手を挙げます。

「なるほど、みなさんほぼ全員が不安なんですね。では、一体何が不安なのですか？」と聞くと、「年金が不安」「生活していけるかどうか不安」という答えが返ってきます。そこで、さらに問いを続けます。

「なるほど、確かに年金も生活も不安ですよね。だったら、みなさんは老後の生活費がどれくらいかかるかはご存知ですよね？　あるいは、自分がどれくらい年金をもらえるか、当然知っていますよね？」と聞くと、ほとんど答えが返ってこないし、みなさん伏し目がちになります。

でも、これはよく考えてみると不思議な現象です。何かが不安だという場合、普通はなぜ不安なのか、その理由や問題点がわかっているはずです。ところが、老後のお金の不安に限っては「自分の年金額」や「生活必要額」を何も知らないまま、あるいは知ろうとしないまま、ただただ漠然と不安に思っている人が多いからです。一体どうしてそうなってしまうのか？　その最大の原因は金融機関とマスコミにあります。どちらも老後不安を煽るからというのがその理由であり、それが老後不安の正体なのです。

金融機関が老後不安を煽るのは、ある意味当然です。彼らにとって年金は「頼りにならないもの」であり、「破綻するに違いないもの」と思わせることで自社の金融商品が勧めやすくなるからです。一方のマスコミは、「老後は安心」という記事よりも「老後は不安」とした方がよく売れるからです。老後に限らず、「破綻論」や「不安論」は常に安定した支持を受けます。私は40年以上にわたって株式市場に関係する仕事をしてきましたが、世の中の多くの評論家の中には必ず一定の破綻論者がいて、それが見事にビジネスモデルになっているのです。

なぜ破綻論や不安論が受けるのかというと、そちらがカッコよく聞こえるからです。少し斜に構えてネガティブなことを言うと賢そうにみえます。それに、楽観論を言って反対になったら多くの人から非難を受けますが、悲観論を語っておいて世の中が良くなってもみんながハッピーになるので誰も文句は言いません。したがって、破綻論者というのは小さいリスクで一定のリターンを得ることができる良い商売なのです。マスコミや評論家の多くが破綻論に傾くのはビジネスとしては当然の判断です。

さらに言えば、そういう不安を煽る評論家の多くは、実際に定年後の生活を経験した人ではありません。現役の人だったり、テレビやマスコミに出てしっかりと儲けていたりする人が多いのです。その証拠に、私のようにサラリーマンを引退した後に年金生活をしながら不安論を語る人はあまり見たことがありません。実際、老後を不安に感じる最大の理由は、現役の人にとって、それが〝誰も経験したことのない未知のこと〟だからでしょう。現役の人で「自分はかつて一度80歳だったことがある！」などという人は一人もいません。みんながこれから老後に向かうのです。そんな中では、最大の不安は「わからないこと」だと言っていいでしょう。

では、一体何がわからないのか？　わからないものは三つあります。まず①どれくらいお金が入ってくるかわからない、これは老後の収入、主に年金です。次に②どれくらいお金がかかるかわからない、これは老後の支出です。そして収入と支出がわからないのですから、③どれくらいあれば安心なのかがわからない、ということになります。つまり、大事なことは①の収入と②の支出をしっかりと把握することなのです。
本書では①の老後の収入については、第2章で公的年金について様々な誤解を正し、正しく理解できるようにします。②の老後の支出については、第3章でリタイア後の支出の構造と考え方についてお話をします。これらがきちんとわかれば、③どれくらいあれば安心なのか、そしてそのためにはどうすればいいのか、がわかるようになります。そこで第4章では60歳以降も働いて収入を得るための話、そして第5章ではお金を増やすための資産運用について考えてみたいと思います。

読んでいただく順序はどこからでも構いませんが、定年が近づいていてまとまった貯蓄や金融資産がない、と不安に感じている方はまずこの第1章からお読みいただくことをお勧めします。最初に多くの人々を不安に陥れている「俗説」をバッサリと斬り捨てるところから始めていきたいと思います。

2 俗説を斬り捨てる

金融機関やマスコミが老後不安を煽る元凶であることはお話しした通りですが、雑誌等に出ている記事や金融機関が主催するセミナーに行くとよく語られる俗説がありますす。それが「老後は1億円必要」ということと、「定年時に3000万円ないと老後は破綻する」という話です。ところが、これらはどれも必ずしも正しくはありません。少なくとも信ずるに足る情報とは言えません。私自身が普通のサラリーマンをやっていて定年になって7年経った経験からみて、これらの言説は極めていい加減なものと言っていいでしょう。一体どこがおかしいのかについて詳しく説明していきます。

実は、これらの俗説はとてもよくできているのです。まず金額が具体的です。行動経済学には「アンカリング効果」というのがあって、最初に示された数字が物事を考える基準になってしまうという傾向があります。そして一旦、アンカリングされてしまうと、他の可能性を考えたり、論理的に検証したりすることができず、数字の印象によって短絡的に判断してしまいがちになります。これも行動経済学では「ヒューリスティック」と言って、誰もが陥りがちな心の罠《わな》になるのです。そこで、まずは「老後は1億円必要」が本当なのかどうかを考えてみましょう。

「老後は1億円必要」の怪しさ

数字というのは具体的ですから説得力があります。特に〝1億円〟という数字は、かなりインパクトがあります。我々の日常生活において使う金額ではありませんから、一体どれくらいなのか想像もつきません。そんな金額を示されると誰もが驚き、ショックを受けます。「とても自分には1億円なんか用意できるわけがない」という不安な気持ちが生じます。そこに「そうなんですよ。だから若いうちから投資してお金をこしらえるべきなのです」とか「将来に備えて保険に入っておくべきなのです」という勧誘の入り込む余地が出てくるのです。

ところが、この「老後は1億円」という言説には二つの明らかな勘違いが存在します。まず、この1億円というのは支出の総額のことであって、これを全部自分で準備しなければならないというわけではありません。第2章で詳しくお話ししますが、日本人であれば全員、何らかの年金に加入しています。中には自営業や無職で全く年金保険料を払っていない人がいるかもしれませんが、そういう人はごくわずかです。サラリーマンであれば否応なしに給料から保険料を天引きされていますから、将来、65歳になれば誰でも死ぬまで年金を支給されることになります。

給料の多寡《たか》によって将来の年金支給額に差は出てくるもののごく普通のサラリーマンであれば、仮に妻が専業主婦だったとしても、もらえる年金は月額で22万円くらいにはなります。だとすれば、年間に入ってくる年金額は22万円×12ヶ月で２６４万円になります。もし90歳まで存命だと仮定すると、65歳から90歳までの25年間で受け取れる総額は６６００万円ほどになります。もし妻が働いていて厚生年金に加入していたとすれば、この金額はもっと大きくなるでしょう。

仮に老後の生活が1億円かかるとしても、その内の６６００万円は既に手当されているのです。したがって、足らない分は３４００万円となります。この用意を考える必要があるということです。ただし、必ずしもこの金額を自分で用意しなければならないわけでもありません。なぜなら、サラリーマンであればこれに加えて退職金や企業年金が支給される場合があるからです。金額は会社によって異なりますので一概には言えませんが、仮に退職金と企業年金で１０００万円あれば、合計７６００万円になります。つまり、その場合だと自分で用意しておかなければならない金額は、２４００万円ということになります。

もちろん、ここまでお話ししたのはサラリーマンの場合です。自営業や非正規で厚生年金に加入していない人の場合、年金支給額ははるかに少ないですから、自助努力で資産形成をする必要があります。その具体的な方法については第5章で詳しく述べます。

また、ここまで読んで、人によっては「年金をそんなにもらえるわけがないだろう」と考える人がいるかもしれません。そういう疑念のある人は、次の第２章から先に読んでいただいても構いません。年金というのは、一般に言われているほど頼りないものでも信頼できないものでもないということを知っておいてもらいたいからです。

次に二つ目の勘違いです。1億円は支出の総額だということはお話しした通りですが、「そもそも本当に1億円かかるのか？」という素朴な疑問です。みなさんは1億円という数字の根拠がどこにあるのか、考えたことがありますか？ 私は非常に疑り深い性格なので、言われたことを素直には信じません。まずは疑ってかかります。「1億円の根拠というのは、一体何なのだろうか？」ということを考えるのです。

公益財団法人生命保険文化センターというところが実施した「生活保障に関する調査（2016年）」というものがあります。これは全国で18～69歳までの個人男女約4000名に対して聴き取りによって行われた調査で、この結果によると「ゆとりある老後生活費」としてどれくらい必要かという問いに対して、回答の平均が月額34・9万円となっています。仮にこの金額が本当だとすれば、34・9万円×12ヶ月で年間約419万円。もし90歳まで生きるとすれば、65歳からの25年間の合計は1億475万円となります。どうやら、1億円の根拠というのはこのあたりにあるのではないかと思います。

ところが、この調査は実際に老後の生活をしている人ばかりに聴いたわけではありません。現役世代の人の方がむしろ多いのです。実際に定年後の生活を7年間体験した私の実感から言うと、月35万円もの生活費は少し多過ぎるような気がします。私自身、定年前と定年後の数年間にわたって自分自身で家計簿をつけましたが、多い時で24万円、少ない時は20万円ちょっとでした。仮に24万円だとすると生涯にわたる生活費の支出の合計は90歳まで存命だとして7200万円くらいになります。1億円よりはかなり少ない金額になるのです。

要は、老後にかかる生涯の生活費というのは、その人の暮らしぶりによってかなり変わってくるということです。豪華な生活をしたければ、それなりに準備をしないといけないし、普通に生活していればそれほどかかることもない。私の場合で言えば、1億円という金額はあり得ないということです。仮に老後の生活費の合計が7200万円だとすれば、先ほど述べたように、公的年金だけで6600万円くらいは見込めますし、もし退職金があれば老後の生活費のほぼすべてを賄《まかな》うことができます。

「定年時に3000万円ないと老後は破綻する」の根拠

もう一つの俗説がこれです。これも本当なのでしょうか？　世の中に定年の時に3000万円もの純金融資産（保有資産から負債を引いた金額）を持っているという人が一体どれくらいいるでしょう？　恐らくサラリーマンで言えば、退職金をもらったとしても純金融資産が3000万円ある人はそれほど多くはいないと思います（ちなみに、私は預金と株式を合わせても300万円程度しかありませんでした）。

そういう人たちがみんな老後破綻しているのでしょうか？　これもどことなく怪しげな話です。でもこれについてはあながち間違いということではなく、それなりに根拠に基づく部分もあるのです。実際にこんなデータがあります。

総務省の「家計調査報告（2017年）」によれば、高齢夫婦無職世帯の家計収支は収入の月平均額が20万9198円、支出の月平均額は26万3717円となっています。高齢夫婦というのは夫65歳以上、妻60歳以上と定義されていて、無職ですから当然収入のほとんどは年金です。他に何も収入がなければ、このままでは月に5万4000円程度の赤字です。これに加えて旅行に行ったりすることも考えると、あと2万円分くらいの支出を多めに見積もり、月額8万円くらいが不足額になると数字を置きます。年間に直すと8万円×12ヶ月ですから96万円、つまり、およそ100万円となります。60歳から90歳までの30年分だと3000万円という金額が出てきます。3000万円ないと破綻するというのは、恐らくこの計算を前提としているのではないかと思います。

でも、この計算だけをもって〝破綻する〟と決めつけるのは問題があります。例えば、最近では多くの企業で希望すれば、65歳までは何らかの形で働き続けることができます。仮に月給が20万円、年収240万円で5年間働けば、その収入は1200万円になります。また、最近では65歳を過ぎてもゆるく働いている人も多いですから、仮に65歳以降の年収がさらに半分の10万円になったとしても、70歳まで働けば600万円の収入が見込めます。つまり、働くことによって3000万円のうち1800万円を見込むことができるのです。この辺の働き方については、第4章で詳しくお話しします。

さらに、このデータにおける支出の内容もよく見れば削れるのではないかと思われる部分もあります。仮に毎月の支出を3万円削れば、30年間では1080万円の削減ができます。そうすると、働いて得る収入の1800万円と支出で削れる1080万円を合計すれば2880万円になります。私が定年退職時にたった300万円しかなくてもそれほど不安に思わなかったのは、こうしたシミュレーションを自分なりにやってみたからです。具体的な支出の削減方法については、第3章で紹介したいと思います。

このように、マスコミや金融機関のセミナーで喧伝されていることが本当にその通りなのかどうか、よく考えてみることが必要です。もちろんすべて楽観的に考えていいと言うつもりはありませんが、無用な不安に煽られて間違った方向に行くことは注意しなければなりません。定年後の収入と支出は人それぞれですから、あまり一般論に振り回されるのではなく、自分の定年後の収支はどうなるのかということを考えるべきです。

本書ではそのやり方や考え方について、この後、お話をしていきます。

3 年金だけでも生活できる

ここに一冊の面白い本があります。2012年にぱる出版から刊行された『あんしん・お気楽！　年金15万円のゴージャス生活』という本です。著者は中町敏矢《なかまちとしや》氏。1948年大阪生まれと言いますから、今年で71歳になります。この本を書かれた頃は64歳くらいです。書籍に載っている著者プロフィールによれば、彼は「高校を卒業して大阪と京都で小企業を2回転職、経理マンとして定年まで勤めあげる。地味な暮らしは退職後も代わり映え無し。（中略）サラリーマン時代に培った経理の知識を武器に、少額年金でラクに快適に過ごす毎日」だったと言います。

出版当時、私も本書を読みましたが、まさに目からウロコで、軽いショックを受けました。ちょうどその頃は私が定年を迎える直前だったので非常に勇気づけられると共に、確かにこういう具合に生活をすれば、何の問題もないということに気づかされました。ここに書かれていることの多くは、私の経験から言っても実践できることです。友人である経済評論家の山崎《やまざき》元《はじめ》氏は当時、ご自身が書かれたコラムの中で「金融業界にとって最も恐ろしい本が現れた」と表現されています。つまり年金不安を煽る金融機関にとって、こんな本が出て、投資も保険も必要なしということがわかってしまうと営業上、実に困ったことになってしまうからでしょう。

こういう本は、ややもすれば節約だらけの「ケチケチ生活」がこれでもかというくらいに記載されているものですが、この本には全くそんなところがありません。この人は実際に月額15万円の年金で生活しているそうです。毎月の生活費の内訳は、

家賃　3.5万円（市営住宅）
食費　4.5万円
水道・光熱費　1.5万円
被服費　0.7万円（年間8.4万円）

通信費　　　０・８万円（年間９・６万円）

だそうです（本文より）。

これを合計しても11万円で、実際には毎月１万円ずつ貯金をしているというのです。夫婦二人だけの生活なので教育費はゼロ、都会に住んでいるので自動車もなし、毎日スーパーまで買い物に出かけ、その日半額のものを買ってその日のうちにそれを調理して食べる。実に無駄のない生活です。年収が低いので税金はほとんどなし、生命保険も医療保険も全く必要ないので加入していませんからゼロ、書籍も雑誌も近くにある図書館で借りられる。着るものは年２回のバーゲンの際に半額で購入。安物は着心地が悪いので、ファストファッションは着ないと言います。これ以上詳しく書くことはできませんので、興味を持たれた方は読んでごらんになればいいと思います。書籍自体は絶版になっていますが、Ｋｉｎｄｌｅで読めますし中古本も売っています。

実際に地味な生活をしている印象はありますが、耐乏生活といった暗さはみじんも感じられません。私はこの中町さんにはお目にかかったことはないのですが、知り合いの雑誌記者が取材に出かけて会ったということでしたので、その時の印象を聞いてみると、実際に本に書かれている通りの生活で何も誇張はなく、とても明るく楽しく暮らしておられるということでした。

生活のスタイルというものは人それぞれですから、誰もがこの中町さんと同じような暮らしができるかどうかはわかりません。ただ、少なくともその生活ぶりにはヒントが満載ですし、私が普段実践していることと共通する部分もたくさんあります。具体的には第3章で支出のコントロールをどのように行うか、というところで詳しくお話ししたいと思いますが、中町さんの書籍を読んで実感するのは「節約する」ことを重視するのではなく、「徹底して無駄を省く」ということを実践されていることです。さらに言えば、「入」と「出」をしっかり把握しているということでしょう。

「入」に関して言えば、多くの人は年金に対して不信感を持っているようです。ところが、実際に年金をもらう立場になってみると、公的年金というのは実によくできた仕組みであることがわかります。これについては次章で詳しくお話しします。一般的に夫婦二人で老後にもらう年金の平均額は22万〜23万円と言われていますが、中町さんは小企業に勤めていて給料もそれほど高くなかったので、平均より7万円も少ない15万円しかもらっていない。

ところが、それで充分満足のいく生活をしているのです。お金の使い方に対する発想の転換、そして税と社会保険に対する知識があれば、少額の年金でも普通に生活していけるということを実践していることがわかります。多くの人はそうした発想や知識を持たないため、金融機関から不安を煽られると、投資や保険にお金を注ぎ込んで無駄な手数料をたくさん払ってしまうということになるのでしょう。そんな不安を吹き飛ばしてくれることから、確かに中町さんの本は「金融業界が最も恐れる本」と言ってもいいかもしれません。

4 60歳、貯金ゼロ！一体どうすればいいのか？

私は各地でシニア層へのライフプラニングを講演することがあります。そんな時、「60歳の定年が近づいているけど貯金がほとんどない場合はどうすればいいですか？」という質問を受けることがあります。まさに、この本のテーマそのものと言ってもいい質問です。正直に言って、これはかなり難しい質問ですから、ひと言でシンプルに答えられるものではありません。だからこそ、これをテーマに一冊の本にしようと思ったわけです。したがって、答えは「この本を読んでください」以外にはないのですが、本書の第1章の最後に、できるだけシンプルにその対策と答えを示してみたいと思います。

まず考えなくてはいけないのは、その人の「職業」です。それによってかなり状況は異なります。サラリーマンであれば、自営業とは異なり厚生年金がありますから、公的年金の支給額である程度賄えます。もし勤め先の会社に退職金や企業年金があれば、さらに余裕が出てきます。これなら貯金がほとんどなくても、何とか生活していくことは可能でしょう。前述の中町さんのように中小企業に勤めていた人であっても、発想の転換と必要な知識を身につければ問題なく老後の暮らしを営んでいる人もたくさんいるはずです。

ところが、自営業になってくると少し話が違います。自営業の場合はサラリーマンと違って厚生年金がありませんから、老後に受け取れる老齢給付の金額はサラリーマンに比べるとおよそ三分の一程度しかありません。もちろん、それは自営業の人であれば初めからわかっていることでしょうから、それなりに蓄えはあると思います。実際、自営業にはサラリーマンが利用できない有利な制度の資産形成方法がいくつもあります。でも、もしそういった準備を何もしてこず、蓄えが全くないということであれば、これは正直言ってかなり厳しいと言わざるを得ません。

そういう場合は、健康に気をつけて可能な限り働き続けることしかありません。それに加えて、現在の年齢が50代でも60代でも、今までに蓄えをこしらえてこなかったのであれば、ここからでも蓄財を始めるべきです。自営業は定年がないので、生涯現役が前提かもしれませんが、いつ何時病気で働けなくなるかもしれないことを考えると、元気なうちに蓄えを作っておくことは考えておかねばなりません。

このようにサラリーマンと自営業では考え方や方法が異なります。ところが、いずれの職業でも共通することが三つあります。

（1）支出を見直すこと

これは最も大事なことです。多くの人は現役時代、収入のことしか気にしていませんが、実は支出の方がずっと大切なのです。なぜなら多くの場合、収入はなかなかコントロールできませんが、支出はある程度コントロールが可能だからです。60歳近くになっても貯金がほとんどないのは、恐らく今まで支出のコントロールをあまりやっていなかったからに違いありません。ですから、それをすぐに改善するのは難しいでしょうが、それでも気がついた時からすぐにやることで、ここからでも蓄えを作ることは可能です。

本書では、第3章でその具体的な考え方と方法について詳しく触れます。

(2) 可能な限り働き続けること

元気で働けるうちは働くべきです。自営業は恐らく元気なうちは働き続けるでしょうが、サラリーマンには定年があります。ところが、定年が60歳だとしても今はほとんどの企業で65歳までの雇用が可能になりました。60歳定年が定着したのは平均寿命が70歳前後の時代です。ところが、今は男性でも平均寿命が80代前半にまで伸長しているわけですから、70歳まで働いても不思議ではありません。60歳で仮に貯金がほとんどなくても、そこから10年間しっかり働くことで蓄えをこしらえることも不可能というわけではないのです。

「でも60歳で定年になってから、あるいは65歳で再雇用も終了した後に働くことなんかできるのだろうか?」と思う人は多いでしょう。ところが、世の中は変化しつつあります。70歳で働く人もたくさんいるのです。「どんな働き方がいいのか?」「どうすれば70歳まで働くことができるか」、それは第4章でお話しします。

（3）公的な保障の仕組みをよく知っておくこと

前述の中町さんの例をみてもわかるように、年金というのは非常に重要です。年金についていては次章で詳しくお話をしますが、年金だけではなく、病気になった時や失業した時など、国や地方自治体の支援を受けられる制度はたくさんあります。例えば、病気やケガで仕事を長く休まなければならなくなった場合は、国から「傷病手当金」が支給されますし、失業した場合でも「基本手当」に加えて、再就職のための「教育訓練給付金」等があります。多くの人は税や社会保障の仕組みをあまりよく知りませんが、調べてみると国からもらえるお金というのは多岐にわたっています。制度があることを知らないために損をしているとすれば、もったいない話です。これまで所得税や住民税をたくさん払ってきたのですから、それに見合ったサービスを受けるのは当然の権利です。

このように60歳で蓄えがほとんどないとしても、ある程度の工夫をすれば決して生活できないわけではありません。気をつけるべきなのは、焦らないようにすることです。60歳手前でほとんど蓄えがない人でも、会社によっては退職金をもらえる場合があります。ただし、それを元手に投資で増やそうというのはあまり考えない方がいいと思います。金融機関はそのお金を取り込むことにとても熱心ですから、積極的に働きかけてきます。

しかしながら投資による成果はあくまでも不確実なものです。そして、その原資は大切な生活資金です。そんなお金をリスクにさらすべきではありません。まず考えるべきことは前述の三つの事柄であり、投資を始めるのはある程度資金の余裕ができてからにすべきです。それも一度に投資するのではなく、少しずつ少額で始めるべきです。そのやり方については第5章でお話しします。

仮に手元の貯金がなくても公的年金の給付は終身ですから、死ぬまで受け取ることができます。正直に言って、年金はとても頼りになるものです。ところが、多くの人がその重要性を認識していませんし、仕組みについてもよく理解していない部分が多いように思います。次章では、この年金について詳しく考えてみたいと思います。

第2章

年金は破綻しないのか？

1 年金は「貯蓄」ではなく「保険」

老後の生活をお金の面で支えるのは何と言っても年金、つまり国から支給される「公的年金」です。もちろん公的年金さえあれば何の問題もないとは言いませんが、少なくともまず考えておくべき老後生活の基本は、やはり公的年金だと言えます。

ところがこの公的年金、実に評判がよくありません。世の中には年金不安を煽る本がたくさんあります。さらに、大学の先生や評論家の中にも年金の本質をちゃんと理解していなくて、間違ったことを言う人たちがいます。多くの人は、そういう人たちが言っていることだから、やっぱり年金は当てにならないと思い込んでしまっています。そうした間違った認識が、将来の不幸を招くことになります。これがサラリーマンであれば保険料は給与天引きですからさほど大きな問題にはならないのですが、自営業の人がこういう間違った言説を信じて保険料を払わなかったりすると、将来大きな禍根《かこん》を残すことになりかねません。

実際に今、悲惨な老後を送っている人の多くは元自営業で、若い頃に年金保険料を払い込まなかったために年金をほとんどもらえないか、あるいはもらえてもわずかな金額しかない人が多いのです。本章では、年金について間違った報道や情報に惑わされることなく、その本質と実際の年金の状況をできるだけわかりやすく解説し、60歳の時点であまり蓄えがなかったとしても、公的年金である程度賄えるということについてお話をしていきたいと思います。

多くの人は年金の本質を誤解しています。年金は自分で払ったお金がどこかでプールされて運用され、老後に支払われるものだと勘違いしているのです。つまり、年金が貯蓄のような金融商品だと思っている人が多いということです。でも年金の本質は、「貯蓄」ではなく「保険」なのです。保険というのは何か不幸なことが起こった時にそれによって経済的に困らないようにするためのものです。では、年金というのはどんな不幸に対してカバーしてくれるのでしょうか。

最大の不幸は「長生きすること」です。こう言うと多くの人は「長生きするのは幸せなことじゃないか」と思うでしょうが、長生きして幸せなのは健康でお金がある場合の話です。長生きをした結果、お金が全くなくなってしまうほど恐ろしいことはありません。でも、人間は誰でも年をとると働けなくなります。つまり、どこかの時点で収入は途絶えてしまうことははっきりしています。ところが、公的年金の給付は終身です。つまり、どれだけ長生きをしても死ぬまでもらえるのです。だから、ありがたいのです。

二つ目の不幸は、病気や怪我で自分が障がい者になってしまうというケースです。これも高齢になるのと同様、場合によっては働けなくなってしまうかもしれません。そのため、公的年金では障がい者となった場合に「障害年金」が受け取れます。こちらも給付は終身です。

そして三つ目の不幸は、自分が死んでしまう場合です。この場合は残された家族に経済的な不安が出てきますので、「遺族年金」が支給されます。つまり、公的な年金に加入しているということは、民間保険会社が提供している年金保険、傷害保険、そして生命保険に該当する保険に入っているのと同じことなのです。日本は国民皆保険制度ですから、原則は全員がこれらの保険に入っており、様々な不幸に対応できるようになっています。

さらに言えば、国の年金と同じ保険料で同じ保障を得るのは、民間保険会社では絶対に不可能です。なぜなら公的年金の場合、国民年金は保険料の半分は税金から賄われますし、厚生年金だと勤め先の会社が半分を負担するからです。したがって、民間保険と比べると、自分の負担する保険料はかなり安くなるのです。

言うまでもなく民間保険会社は営利企業ですから、契約者が支払う保険料の中から自分たちの利益を取りますが、国の場合は年金で儲けようとは全く思っていませんので保険料も極めて安いのです。言わば、公的年金は民間では望むべくもない有利な保険ですから、これを第一に考え、それで足らないと思うのであれば民間の保険に加入すればいいのです。

したがって、年金については損得を論じることはあまり意味がありません。例えば、生命保険で一番大儲けできるのは、契約してほとんど保険料を払い込まないうちに死ぬことです。年金で一番大儲けできるのは、誰よりも長生きをした場合です。逆に生命保険に入っていて、すごく長生きしたら払った多くの保険料は無駄ですし、公的年金の場合は65歳になるまでに早死にしてしまったら、払った保険料は無駄ということになります。

しかしながら、保険において損とか得とかを議論してもあまり意味はないでしょう。いつ起きるかわからない不幸に対して備えるのが保険だからです。それに死んでしまえば損も得もありません。冒頭に言ったように、長生きしてお金がなくなってしまうという恐ろしい事態に備えることが、一番大切なことだからです。

公的年金の基本的な仕組みを知れば安心できます。後ほど詳しく述べますが、無駄な保険にたくさん入っていて貯蓄ができないという人も多いようです。まずは年金についてしっかりと知っておくべきだと思います。ちなみに公的年金については様々な本が出ていますが、これはとても良い本だという三冊をご紹介します。いずれも、わかりやすく正確な情報に基づく内容となっています。

『人生100年時代の年金戦略』田村正之《たむらまさゆき》(日本経済新聞出版社)
『ちょっと気になる社会保障』権丈善一《けんじょうよしかず》(勁草書房)
『いま、知らないと絶対損する年金50問50答』太田啓之《おおたひろゆき》(文藝春秋)

2 年金が破綻しない理由

公的年金が極めて重要であることはお話しした通りですが、現実には公的年金に対して多くの人が不安を持っています。もちろん公的年金は何があっても万全というわけではありませんが、少なくともすぐにでも破綻するとか、将来はもらえなくなるなどということは絶対にありません。なぜそんなことが言い切れるのか、これから説明します。

仮に将来、国が年金制度を廃止して「今後、一切年金は払いません」と宣言するような事態になれば、一体どんなことが起こるでしょう。恐らく国民はパニックに陥り、デモが頻発し、社会不安から暴動が起きるかもしれません。そうならないようにするためには、国が何らかの保障を与えるしかありません。もし年金制度がなくなってしまえば、自分で老後資金を用意するしかありませんし、それができなければ生活保護に頼るしかないからです。でも、そんなことになると大変なことになります。

現在の公的年金は保険制度ですから、将来年金を受け取れる権利を得るためには自分で保険料を払わなければなりません。と同時に、国民年金で言えば、国がその半分を負担しています。ところが、もし年金制度を破綻させてしまったら、将来、保障のための原資は全額を国が負担しなければならなくなります。国が負担するということは税で賄われるということですから、当然税金は大幅に上がります。消費税10%どころではない、とんでもない大増税になるでしょう。これはどう考えても合理的ではありません。修正を加えながらでも現在の年金制度を維持していく方が、国民にとっても国にとっても得なのです。

それに、公的年金は自分が受け取る分を自分で積み立てるという方式ではありません。その年の現役世代が出した保険料を、その年のうちに年金受給者に払う仕組みです。これは「賦課《ふか》方式」と呼ばれていて、平たく言えば現役が高齢者を支える制度なのです。「でも、少子高齢化が今後どんどん進めば払う人が少なくなって受け取る人が多くなるんじゃない？　だからやっぱり年金って破綻するんじゃないの？」と考える人も多いでしょう。もちろん、少子高齢化は進んでいます。

ところが、日本が高齢化社会に入ったのは１９７０年ですから、今から半世紀近くも前です。つまり、少子高齢化は相当以前から進んでいるのです。したがって、そうなっても制度が維持できるよう90年代以降、様々な手が打たれてきました。具体的には①年金の支給開始年齢を遅らせる、②現役に払ってもらう保険料を増やす、そして③高齢者世代の年金受取額を少し少なくする、という三つの手段です。

まず①の年金の支給開始年齢を遅らせるということですが、この20年くらいの時間をかけて60歳から65歳に変更しました。次に②の保険料を増やすという策については、２００４年から２０１７年まで13年間かけて年金保険料を引き上げてきました。そして、既にこの引き上げ措置は終了しています。③の年金受取額を少し少なくしてもらうという方法は、「マクロ経済スライド」という仕組みです。本来、年金は物価上昇にスライドするのですが、この方式では物価が上がってもそこから０・９％下回る率でしか年金支給額が上がらないということになります。ただ、この十数年間はデフレでしたから、実際にはこの「マクロ経済スライド」が発動されることはありませんでした。2015年に初めて適用されましたが、その年はかなり年金財政が好転しましたし、2019年もそれは実施される予定です。このように、少子高齢化のための改正は相当以前から行われており、それなりに効果は出ているのです。

さらに政府は5年に一度、年金財政検証を行っています。これは、言わば年金の健康診断のようなものです。前回実施されたのは2014年ですが、この時の試算によって、年金の健全性は向上しているということが明らかになりました。スペースの関係でここでは詳しく書けませんが、今後の経済成長率、労働参加率、人口減少等の様々な要素を最良シナリオから最悪シナリオまで八つのパターンに分けて検証しています。

ところが、マスコミはこのうちの最悪のケースのみしか報道しないため、あたかも年金制度が悪化しているかのようなイメージを与えてしまうのです。残念なことに、年金に対するネガティブキャンペーンは長きにわたって行われているため、多くの人が年金の健全性にはほとんど耳を貸さないという状況になってしまっています。でも実際には、年金制度を健全に維持するための施策は着実に実行されてきているのです。

しかしながら、それでも年金にまつわる個々の事象については、不安に思うことがあるでしょう。そこで次項では、年金に関して巷《ちまた》で言われていることがいかにいい加減かということについて、実際の数字を交えながら検証してみたいと思います。

3 公的年金、三つの勘違い

では、ここから世間一般に言われている公的年金に関する報道が本当に正しいものかどうかについて検証してみましょう。一つひとつ挙げているとキリがないので、ここでは代表的な三つの「年金に関して言われていること」を考えてみます。その三つとは、

①年金財政は赤字である
②年金の運用は失敗ばかりしている
③年金保険料未納者が4割もいるのだから年金は破綻寸前である

といった事柄です。

これらはいずれもマスコミの報道で語られることばかりです。私はこういう報道があっても、その根拠が明らかにならないと信用しないようにしています。では、これらの噂は本当なのかどうか、真相を探ってみましょう。

①年金財政は赤字である

公的年金の財政は赤字であるということがよく言われています。でも、それらの記事の多くはその数字の根拠を示していません。実際のところはどうなのでしょう?

結論から言えば、年金財政は赤字というわけではありません。赤字なのは国の一般会計です。毎年の税収入と支出の差がマイナスになっているので、その分は借金（国債発行）で補っているのです。ところが、年金特別会計には200兆円近い「貯金」があるのです。

毎年の収支の差がマイナスになることを赤字と言うのであれば、年金会計は単年度で赤字になることももちろんあります。でも国の一般会計と異なり、足らないから借金をしなくてはならない、というわけではありません。足らない年はその「貯金」か

図①

公的年金の財政状況

年度	収入	支出	差引	年度末積立金残高
2016年度(平成28)	53.5	51.7	1.8	185.8
2015年度(平成27)	51.6	51.0	0.6	174.7
2014年度(平成26)	53.4	50.6	2.8	203.6

(単位:兆円、積立金残高は時価ベース)

出典:厚生労働省ホームページ
https://www.mhlw.go.jp/file/05-Shingikai-12601000-Seisakutoukatsukan-Sanjikanshitsu_Shakaihoshoutantou/0000198535.pdf
https://www.mhlw.go.jp/file/05-Shingikai-12601000-Seisakutoukatsukan-Sanjikanshitsu_Shakaihoshoutantou/0000171109.pdf
https://www.mhlw.go.jp/file/05-Shingikai-12601000-Seisakutoukatsukan-Sanjikanshitsu_Shakaihoshoutantou/0000135885.pdf
より株式会社オフィス・リベルタスが作成

ら充てているのです。**図①**をご覧ください。これはこの3年間の年金財政の収入と支出の状況を表しています。

例えば、2016年度の数字を見てみましょう。収入総額は約53兆5000億円です。その大部分は保険料収入と税金です。これに対して、支出すなわちお年寄りへの年金の支給額は約51兆7000億円です。結果は約1兆8000億円あまりの黒字です。前年度末の積立金(これが「貯金」です)が約175兆円、この貯金を運用して得た利益が9兆2000億円ほどありますから、先ほどの1兆8000億円と合わせて11兆円あまりが2016年度の1年間で増えたということになります。その結果、年度末の積立金（貯金）は186兆円近くに増えているのです。したがって、年金財政が赤字であるというのは間違いで、黒字は着実に増えているというのが真実です。

②年金の運用は失敗ばかりしている

これもよく言われることです。特に株式市場の状態が悪くなってくると、必ず「年金の運用、マイナス○兆円！」といった記事が大きく取り上げられます。確かに相場が悪い時にはマイナスが出ることもあります。ところが、相場というものはいい時もあれば悪い時もあるのです。たまたまマイナスが出た時の金額だけを見て、「損した、マイナスだ！」と騒ぎ立てることはあまり意味がありません。

なぜなら、年金の運用というのは何十年もの間続くわけですから、長期にわたる評価をする必要があるからです。以前、２０１５年度の年金積立金の運用実績について、一部で「５兆円超の損失」と報じられたことを受け、当時の野党が「年金損失『５兆円』追及チーム」を発足させたということがありましたが、実際にはその翌年に約８兆円の利益が生じ、追及チームは雲散霧消《うさんむしょう》してしまいました。

これも具体的な実績のデータを見ればわかります。**図②**は公的年金の運用を行っている年金積立金管理運用独立行政法人（ＧＰＩＦ）のホームページからですが、運用が始まった２００１年度からの17年間で挙げた累積の収益額は71・５兆円です。つまり、それくらい儲かったのです。もちろん、これまでに「サブプライムローン問題」（２００４〜２００７年）や「リーマン・ショック」（２００８年）で大きく下落した時は同じように下がりましたが、これまでの収益率は通算すると３・３％ですから、それほど悪くはないと言っていいでしょう。

そもそも年金のような極めて長期にわたる資産運用においては、その時々の市場の動きに右往左往して売買を繰り返すのはあまり適切ではありません。ＧＰＩＦがやっているように投資方針をきちんと決めて、それに合った資産構成を考え、粛々と運用を続けていくことが大事なのです。相場を当てにいくのではなく、適切に分散投資をすることで長期的に見れば資産は増えていくものです。前述の５兆円のマイナスが出た２０１５年度にしても、金額自体が５兆円と大きいので目を引きますが、元々の運用資産が当時は１４０兆円くらいでしたからマイナスの率で言えば３・８％程度です。

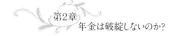

図②

2001年度以降のGPIFの累積収益

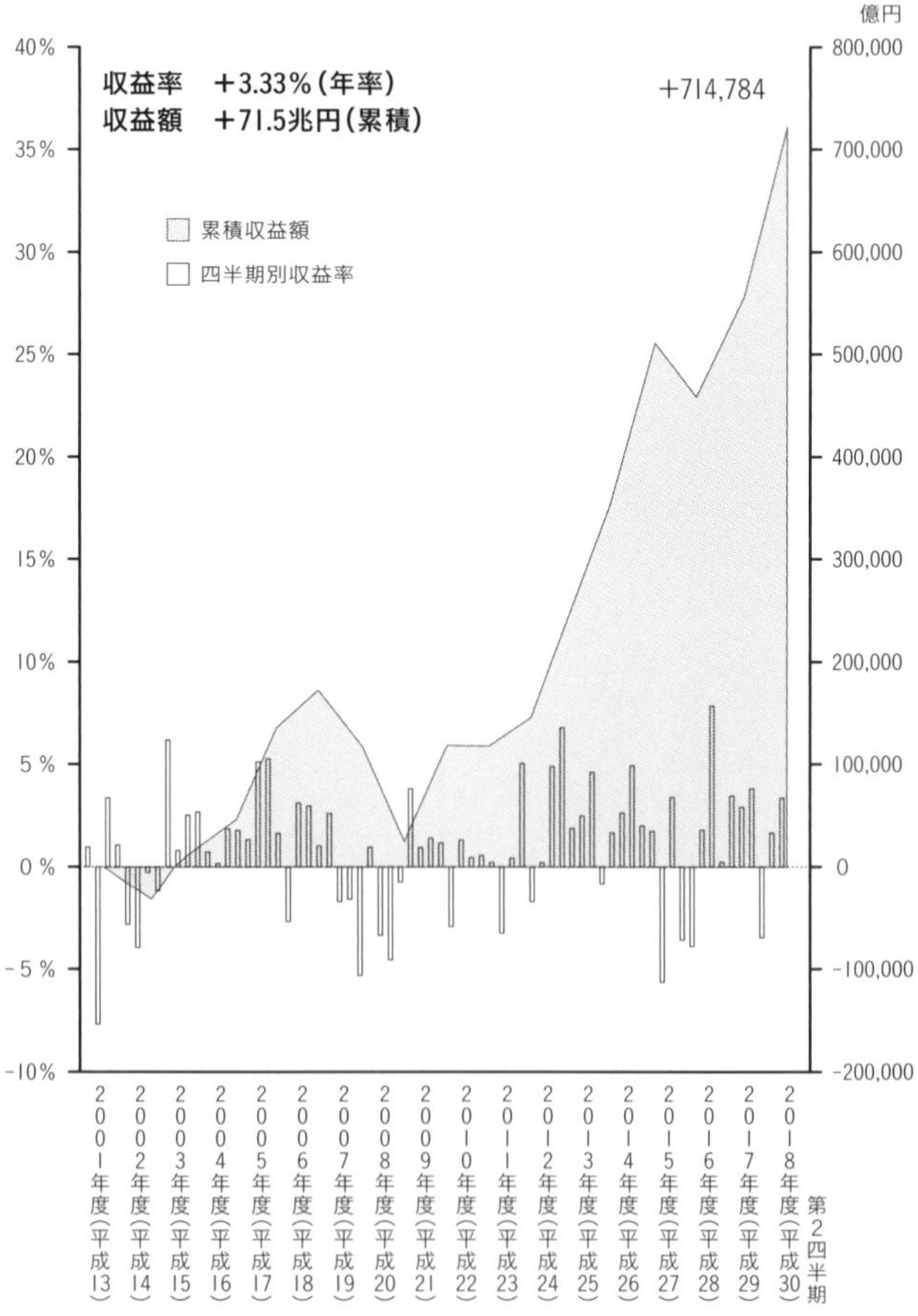

出典：年金積立金管理運用独立行政法人ホームページ（2018年９月末）より一部加工して作成

同じ期間の日経平均株価は12%ほど下落していますから、むしろ健闘しています。これは日本の株式だけではなく、海外の株式や債券、そして国内債券にもきちんと分散投資をしていたからだと言えます。

年金の運用は決して失敗しているわけではないのです。

③年金保険料未納者が4割もいるのだから年金は破綻寸前である

これもありがちな誤解で、マスコミ報道が間違った方向へ誘導しようとしている意図が見て取れます。そもそも年金保険料未納者が4割と言いますが、これは一体何の4割のことなのでしょう? マスコミはそのあたりを曖昧にして報道しますので、多くの人は国民の4割が年金保険料を払っていないと勘違いします。ところがこれは大きな間違いで、実際に払っていない人の割合は国民全体からすれば、わずか2・3%に過ぎません。では、この4割というのは一体何の数字なのでしょう。これは自営業や無職、学生といった、いわゆる1号被保険者の4割ということなのです。

図③をご覧ください。これは2017年度末の公的年金加入者の状況です。公的年金加入者全体では6731万人ですが、この内、公務員や民間サラリーマン等が43

図③

2017（平成29）年度末の公的年金加入者の状況

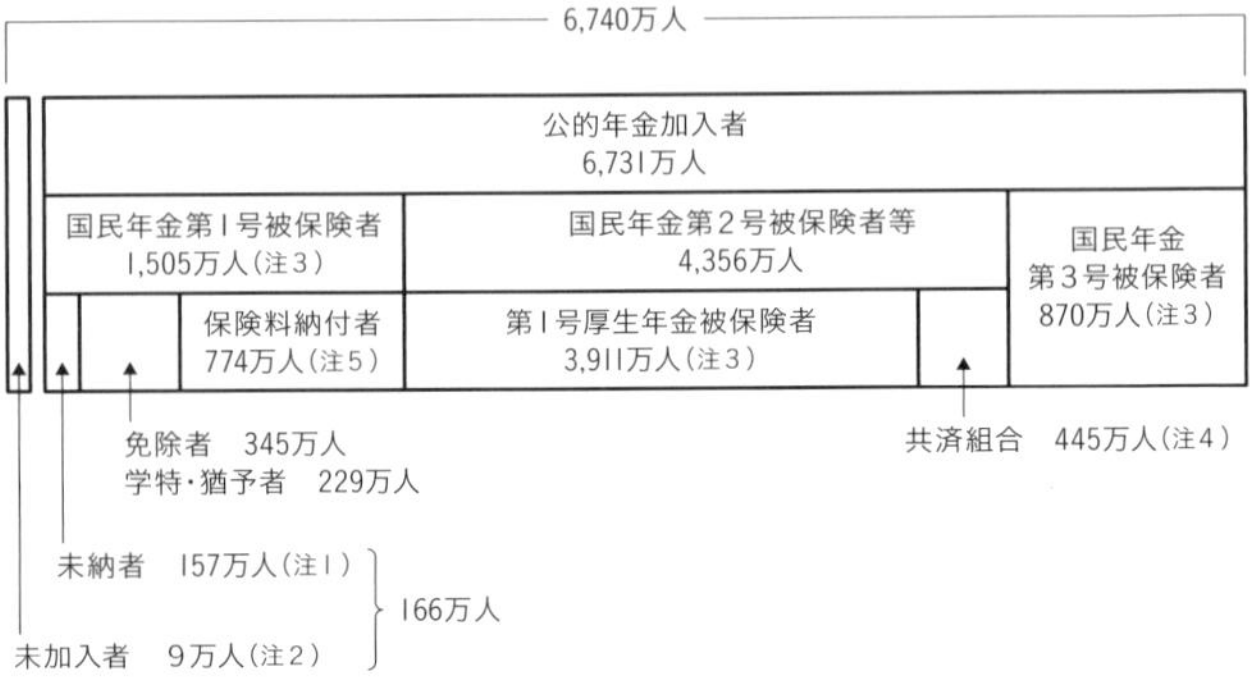

（注1）未納者とは、24ヶ月（平成28年4月〜30年3月）の保険料が未納となっている者。
（注2）平成28年公的年金加入状況等調査の結果に基づく人数。
（注3）平成30年3月末現在。国民年金第1号被保険者には、任意加入被保険者（20万人）が含まれている。
（注4）平成29年3月末現在。共済組合は、第2〜4号厚生年金被保険者。
（注5）保険料納付者の人数は、国民年金第1号被保険者数から未納者数、免除者数及び学特・猶予者数を単純に差し引いて算出したもの。
（注6）上記の数値は、それぞれ四捨五入しているため合計とは一致しない場合がある。
（注7）平成30年3月末現在、国民年金第2号被保険者等、国民年金第3号被保険者である者の中には、平成28年4月〜30年3月の間に国民年金第1号被保険者であった者で未納期間を有するものが含まれている。

出典：厚生労働省・日本年金機構ホームページ（https://www.mhlw.go.jp/content/12512000/000334024.pdf）（2018年6月）

56万人、それらの被扶養者、すなわち専業主婦（夫）が870万人で、これらの人達は未納にはなっていません。なぜなら給料から自動的に天引きされるからです。問題は自分で年金を払わないといけない1号被保険者で、彼らは1505万人います。これが未納になり得る人達です。

さらにこれらのうち、収入が低いとか災害に遭った等の理由で払えない人は申請すれば免除されますので、それらの人達が574万人います。これらの人達は確かに年金保険料を払ってはいませんが、将来申請すれば、国の税金が投入されている分、少なくとも半分は受け取れるのです。したがって、確信犯的に全く払っていない人すなわち本当の未納者は157万人ということになります。だとすると、年金加入者全体の6731万人のうち、未納者が157万人ですから本当の未納率は2・3%ということになります（図④）。

したがって、2・3%の人が保険料を払っていないから年金制度が破綻するということはあり得ない話です。さらに言えば、年金保険料を払っていない人には将来、年金が支払われることはありませんから、未納が増えたと言っても別に年金財政にはほとんど影響はないと言ってもいいでしょう。もちろん、制度が正しく運営されていく

図④

本当の年金未納者割合

本当の未納者割合は

■年金加入対象者約6,731万人
うち１号被保険者1,505万人……①

■納付者＝774万人……②

■免除者・特例猶予者（払わなくてもいい人）574万人……③

■年金保険料未納者＝①-②-③＝157万人

出典：厚生労働省ホームページ（https://www.mhlw.go.jp/content/12512000/000334024.pdf）

$$\frac{157\text{万人}}{6{,}731\text{万人}} \fallingdotseq 2.3\%$$

ためにはこういうルールを守らない人達は少しでも減らした方がいいのは間違いありません。何よりも保険料を払わなかった人達には将来年金が支給されませんから、将来の暮らしはますます厳しくなるでしょう。サラリーマンにとっては未納の問題はほとんど影響ありませんが、自営業の人はしっかりと考えておくべきことだと思います。

さて、ここまで公的年金に関して巷で論じられていることの多くが誤解に基づくものだということはおわかりいただけたのではないでしょうか。実際に数字を検証してみないと本当のところはなかなかわからないものです。もちろん、冒頭にもお話ししたように私は「公的年金さえあれば何も心配することはない」とまでは言いませんが、少なくとも老後の生活を支えるいくつかの柱の中で最も土台になる部分は「公的年金」だろうと思います。

仮に定年を前にして蓄えが少ないと不安になるサラリーマンの人であったとしても、公的年金の仕組みをきちんと理解していれば、過剰な不安を持つ必要はありません。気をつけるべきなのは、金融機関や悪質な評論家に惑わされて大切な退職金をリスクのある投資へ全部注ぎ込んでしまうことです。

4 年金は意外と融通がきく便利な仕組み

公的年金について、基本的な考え方からその実態についてお話ししてきましたが、言うまでもなく年金で一番大事なのは受け取る時のことです。実は年金には様々な受け取り方があり、極めて融通がきく仕組みになっています。場合によっては、とても有利に受け取る方法もあります。ところが、その便利さや有利さは残念ながらあまり知られていないようです。そこで、ここでは年金の受け取り方についてお話をしたいと思います。

公的年金は一部の人を除くと、今後支給が開始されるのは65歳からです。ただ、65歳にならないと絶対もらえないのかというと、そんなことはありません。病気や怪我で障がい者になった場合は、そこから年金を受け取り始めることができます。これを

「障害年金」と言います。これに対して、元気であっても一定の年齢から受け取り始められるのが「老齢年金」で、これは前述のように65歳から受け取り始めるのが原則です。

ところが、この老齢年金は必ずしも65歳からしか受け取れないというわけではなく、60歳になれば最大5年早めて受け取ることができます。逆に、繰り下げて受け取り開始を遅くすることもでき、こちらも最大5年間繰り下げて70歳まで延ばすことができます。つまり「年金は65歳から受け取るもの」という固定観念にとらわれるのではなく、「60歳か70歳までの間、いつからでも自分が決めた好きな時に受け取りを開始することができる」と考えればいいのです。多くの人が年金は65歳からしかもらえないと思っています。だから、定年が近づいているにも関わらず蓄えが少ないのでどうすればいいか悩むということになりがちなのです。

でも60歳で定年になった後、あまりお金はないけど、それでも一切働かずに暮らしたいということであれば、そこから受け取りを始めても構いません。逆に65歳を過ぎてもまだ働き続けていて収入があるのなら、受け取りを遅らせることも可能なのです。ただし、もし早く受け取り始めるのであれば、それには注意が必要です。

どんな注意が必要かと言うと、早く受け取り始めた場合、受け取る年金支給額が減るということです。具体的に言うと1ヶ月早めることで0・5％減額となりますから、仮に5年間受け取りを早めて60歳から受け取り開始にすると0・5％×12ヶ月×5年＝30％、すなわち本来受け取れる年金よりも3割少なくなります。

「え！ 3割も」と思われるかもしれませんが、逆に5年早く受け取れるわけですから、一定の年齢までなら、トータルの受取額は早くもらい始めた方が多くなります。その損益分岐点は77歳です。つまり、77歳よりも早く亡くなれば60歳からもらい始めた方が多くもらえることになりますし、逆にそれ以上長生きすればトータル受取額は65歳からの方が多くなります。

では逆に65歳から受け取らず、70歳まで繰り下げたらどうなるかということですが、こちらは早くもらい始める場合とは逆に年金の受取額はアップします。先ほどの場合は1ヶ月早めることで0・5％のダウンでしたが、繰り下げる場合、1ヶ月遅らせることで0・7%アップします。ではこちらも最大限5年、すなわち70歳まで受け取り開始を遅らせるとどうなるでしょう。0・7%×12ヶ月×5年＝42%、なんと70歳からの受取額は42%もアップします。しかも、これは死ぬまで続きます。

ところがこちらの場合、遅らせると4割以上も支給額は増えると言いますが、5年も遅らせるのですから、その間年金は1円ももらえません。したがって、ある程度長生きをしないと65歳から受け取る方が得ということになります。では、この場合は何歳でトータル受取額が逆転するかといえば82歳です。この年齢は男性の平均寿命とほぼ同じくらいです。それ以上長生きすればトータルの受取額はどんどん広がり、長生きすればするほど、たくさんもらえるということになります。

よく「どっちが得か?」ということを言われますが、これは正直わかりません。なぜなら、何歳まで生きるかは誰にもわからないからです。したがって、年金を損得で考えてもあまり意味がないのです。早死にすれば、早くもらい始めた方が得だったということになりますし、予定外に長生きすると、後からもらい始めた方がずっと得になるということです。でもいくら早死にすれば得だと言っても、死んでしまったら損も得も関係ありません。一番大事なのは、予想外に長生きしてしまった時に、お金がなくなってしまうということのないようにすることです。年金は「貯蓄」ではなくて「保険」だ、ということは本章の1でもお話しした通りです。つまり、長生きした時でも生活に困らないように終身でもらえるようになっています。したがって、できるだけ長く働き、将来受け取れる年金をできるだけ手厚くする方がいいと私は思います。第1章でも書いたように、70歳まで働き、そこから4割増しで年金を受け取るというのは悪くないのではないでしょうか。

それに、考えようによっては5年間受け取りを遅らせるというのは、その間、国が運用してくれているのと同じことです。5年で42％増えるということは、言い方を変えれば年率8％以上で運用してくれているということになります。今の時代、リスクなしで8％の運用ができる方法などありません。であるとすれば、「退職金を運用して利益を得よう」などということは考えず、そのお金を65歳から70歳までの生活費に回して、年金開始を遅らせる方がずっと確実だと言えるでしょう。私は現在67歳ですが、公的年金はまだ受け取っていません。これから先はどうなるかわかりませんが、働けるうちは働いて70歳から受け取り始めようと思っています。

先頃、政府が「年金受け取り開始の選択肢を70歳以降でも可能にすることを検討する」ということが報道されていましたが、これを間違って「今でも65歳からなのに70歳以降まで年金がもらえなくなるのか！」と解釈している人がいますが、決してそういうわけではありません。元気で働ける人はどんどん働いてもらい、70歳以降にまで支給開始を遅らせることで、さらに増やしてもらえるようになる、それを自由に選べるようにしようということなのです。

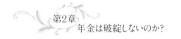

今までお話しした他にも、繰り上げや繰り下げには注意すべき点がいくつかありますが、スペースの関係でここではこれ以上詳しく書けませんので、詳細については本章の1で紹介した『人生100年時代の年金戦略』を読んでいただければと思います。

結局、年金受け取りに関しては、「これが絶対オススメ」という受け取り方があるわけではなく、どういう受け取り方がいいかは、その人の考え次第ですから自分で決めればいいのです。ただ、受け取り方にはこういう年齢の幅と選択肢があるということとは知っておいてもいいと思います。それによって、自分の経済状態や働く意思に関係してくるからです。

さらに、これはあまり知られていないのですが、年金をまとめて受け取るという方法もあるのです。先ほど65歳から受け取る年金を70歳まで遅らせることができるという話をしましたが、そのためには何か特別な手続きが要るわけではありません。65歳になっても特別何もしなければ年金は支給されません。年金というのは請求しないと受け取れませんから、何もしないでいると自動的に繰り下げになります。

仮に65歳になった時点で「受け取りを70歳まで遅らせよう」と考えたとします。その場合は特別に何もしなくてもいいのです。70歳になる前に申請をすればＯＫです。ところが、70歳まで繰り下げるつもりでいても途中で何か大きな病気をしたり、まとまったお金が必要になったりする事態が起きることもあります。仮に65歳から3年経過して68歳の時にそういうことになった場合、68歳で受け取るにあたって、本来受け取り開始になるはずだった過去3年分も遡《さかのぼ》ってまとめた金額で受け取ることもできます。もちろん、その場合はそれまでの金額もそこからの受取額も増額されません。

つまり、年金の支給請求というのは5年を遡ることができますので、「単に請求を忘れていた」として請求すれば、それまでの未払い分をまとめて受け取ることも可能だということです。したがって、仮に70歳までのどこかで年金を受け取る場合、①そこから延長した分、年金支給額がアップして今後受け取る、②今までにもらっていなかった分をまとめて受け取り、今後はアップなしの支給額で受け取る、という二つの方法が選べるということなのです。

このように公的年金の受け取り方にはかなり融通のきく部分があります。どういう方法がベストなのかは自分の考えや老後の計画次第ですから、自分で考えて決めればいいと思いますが、年金を受け取るにあたっては、意外と融通のきく仕組みであることは知っておいた方がいいでしょう。

第3章

「収入」よりも「支出」が大事

1　支出の見直しは最重要課題！

老後のお金を考える場合、最も大切なのは支出の見直しをすることです。第1章の4でもお話ししたように、収入は自分でコントロールすることは困難ですが、支出はコントロールできるからです。収入で言えば、老後の収入の多くは年金です。これは在職中にどれくらいの収入があったかによって受け取れる金額が多いか少ないかが決まるため、退職した後では一部の例外を除いて増やすことができません。強いて言えば、第2章で述べたように70歳まで繰り下げすることで受取額を増やすくらいです。

年金以外では、働いて収入を得ることは可能ですが、どこかに勤めるのであれば、給料を決めるのは雇い主であって自分では決められません。自営業になるなら自由ですが、これも仕事が全くないことだってありますので、確実な収入を読むことは困難です。したがって、収支（お金の出入り）をコントロールするのであれば、どうしても自分でコントロールできる部分である支出を見直すしかないのです。
そこで、支出を見直す場合の重要なポイントをまず二つお話をします。

〈ポイント1〉支出の内容を整理してみる

最初のポイントはこれです。ひと口に「支出」と言ってもその性格は様々です。具体的には、大きく分けて三つの内容に整理することができます。一つ目は「日常生活費」、二つ目が「自己実現費」、そして三つ目が「一時出費」です。医療や介護にかかるお金は極めて不確実な要素が多いのですが、振り分けとしては一時出費に入れておけばいいでしょう。このうち、最も基本になるのが日常生活費、すなわち食べていくためのお金です。でも実を言うと、これが一番管理しやすいものです。私も定年退職前の2年間と定年後の1年間、自分で家計簿をつけて日常生活費が一体どれくらいかかるものかを把握してみました。実際には現役時代と退職後では生活費は大きく変わりました。

自己実現費は、趣味や旅行など楽しいことに使うお金です。これも自分でコントロールすることはできますが、あまり切り詰め過ぎるのは禁物です。そもそも人生の目的は楽しむことにあるのですから、過度なカットはストレスになります。自己実現費をコントロールする秘訣はズバリ「予算管理」にあると思います。老後の生活費全体の中で、どれくらいの割合を楽しいことに使う費用にするかをあらかじめ決めておくべきです。そして、次に大切なのが「優先順位」です。自分や家族がやりたいことの優先順位、つまり楽しいことのうち、まず何を優先すべきかをよく話し合って決めておくことです。

三つ目の一時出費ですが、これが一番厄介なものです。特に医療や介護にかかるお金は、それが発生するかどうか、発生するとしてもいつ起きるのかをあらかじめ把握することができません。医療や介護にかかる費用については、数字を交えて説明する必要がありますので、本章の「6　一時出費は厄介、方針を決めておくことが肝心」で詳しくお話しします。それ以外の一時出費については、自己実現費と同様に優先順位を考えることですが、その場合に大切なことは〝流されないこと〟だと言っていいでしょう。これについても本章の「5　社会保険は一番大切な保険」で詳しくお話しします。

〈ポイント2〉節約ではなく、無駄をなくす

ポイントの二つ目がこれです。多くの人は支出の見直しというとまず頭に浮かぶのが「節約」の二文字です。でも若い人ならともかく、老後の生活において節約は禁物だと私は思っています。節約というのは、欲しいものや必要なものでも我慢してお金を使わないようにするということです。でも、それでは何のために一生懸命働いてきたのでしょうか。リタイア後に自分のやりたいことをやる、楽しく暮らす、そのために長年、嫌なことも我慢してサラリーマンとして働いてきたのです。にもかかわらず、引退した後までも節約してケチケチした生活を送るというのは何ともやりきれません。

「そんなこと言っても、お金がなけりゃしょうがないじゃないか」と思うかもしれませんが、ここで24ページに出てきた退職者の人の話を思い出してください。わずかな年金でもケチケチせずに楽しく生活を送っている人はいます。彼らに共通していることは徹底して生活費の無駄をなくしているということです。具体的に何が無駄で何を

なくすべきかということについては、次項で詳しくお話ししますが、思い込みを取っ払ってみると、意外と無駄なお金を知らないうちに払っていることに気がつきます。本当に必要なもの、大事なものは何かということを考えてみることが必要なのではないでしょうか。

2 日常生活費を把握するには

さて、支出の見直しの基本観をお話ししたところで、具体的に69ページでお話しした三つの支出についてもう少し詳しく考えてみましょう。まずは「日常生活費」についてです。他の二つの項目と違って、この日常生活費はそれほど金額が振れることはありません。ところが、これは言わば日々の暮らしを賄うためのものですから、いつの間にか知らないうちに使ってしまっているお金がほとんどです。したがって、その内容をしっかり把握しておかないと削減するのは容易ではありません。

日常の生活費を把握する最善の方法は、家計簿をつけることです。ところが、実際には家計簿をつけている家庭は少数派で、3割弱しかないといわれています（国立社会保障・人口問題研究所が2012年7月に実施した「生活と支え合いに関する調査」で、先月家計簿を「つけていた」と回答した世帯の割合は全体の26・4％）。実は家計簿をつけなくても、おおよその日常生活費を把握する簡便な方法はあります。それはまず手取り年収を出し（毎月の給与明細と賞与明細を合計すればわかります）、そこから教育費と旅行や大きな買い物で覚えているものを引きます。

さらに、給与天引き以外のローン返済があればそれも引きます。残った金額が日常生活費と考えてほぼ差し支えないと思います。とは言え、これではあまりにもおおざっぱ過ぎて、具体的に何にお金を使っているのかは見えません。そこで、その内容を把握するには、やはり面倒でも家計簿をつける必要があるのです。

何にお金を使っているのかを把握するために、私は自分の手で家計簿をつけました。定年になる前の2年間と定年後の1年間につけたことで、①どんな項目にお金を使っているのか、そして②定年前と定年後でどの項目が変化したか、③結果として日常生活費はどれくらい変わったか、ということを検証するためにやってみたのです。その結果、定年の前と後では全体で3割くらい生活費は減りました。大きく減った項目は外食費、交際費、そして被服費といったところです。確かに現役時代、昼は外で食べますし、1日一度くらいは喫茶店にも入ります。合計すれば1500円くらいは使っていますから実働20日間として、月に3万円ほどは減ります。週に1〜2回くらいは同僚と一杯飲んで帰ることもあります。一度に3000円くらい使うとすれば、これも1万〜2万円くらいは減ります。毎月で見ればそれほど変化はなくても、年間で見るとスーツやシャツを購入しなくてもいい分、被服費も少なくなります。それらもトータルで考えてみると実際にかなり減少しました。

ただし、これには個人差があります。その人の暮らしぶりやライフスタイルによって減る金額は変わりますので、一概には言えません。私の知り合いでお酒の好きな人は、定年後も昔の仲間との飲み会を頻繁に行い、むしろ退職してヒマになった分だけ、酒の席も増えたようで、結果として交際費が現役時代よりも大きく増えたという人だっています。

したがって、一般論で考えてもあまり意味はなく、とにかく自分でやってみることが大切だと言えるでしょう。第1章でもお話ししたように、老後の不安の最大の原因は、「わからないこと」にあるのですから、最も基本になる生活費が現在どうなっているのか、そしてどうなるのかということを把握することから始めるべきだと思います。

では、具体的にどうやって私が家計簿をつけたかのお話をします。現在ではとても便利な家計簿のアプリケーション（アプリ）がたくさんあります。私も現在は「マネーフォワード」という家計簿アプリを使っていますが、つけ始めた頃はこういうアプリは使っていませんでした。当時から家計簿アプリがなかったわけではありませんでしたが、私はあえてアプリは使わなかったのです。

当時は電子マネーで買い物をすることがまだ少なく、現金かクレジットカードがほとんどでした。そこでお金を使う都度、レシートをもらいポケットに入れて、家に帰って来て着替える時にすぐ、ポケットから出したレシートを簡単にジャンル分けした項目にしたがって、パソコン内のエクセルシートに手で入力するという、今から考えるとかなりの力ワザでやっていたものです。

家計簿アプリというのはとても便利です。カードでも電子マネーでも、リンクしたデータを自動計上してくれるので簡単です。にもかかわらず、私が手作業で行ったのは、日々使っているお金がどんな項目でどのように使われているのかを、毎日リアルに確認したかったからです。したがって、どなたにでもお勧めするわけではありませんが、案外使い途を実感できるのは悪くないと考えています。ただ、最近では現金、特に小銭を使うことが少なくなり、電子マネーやスマホ決済も増えてきていますので、そういう意味では、今は家計簿アプリを使う方がいいかもしれません。

方法はともかく、自分の日常生活費を把握するというのはやはり基本だと思います。別の言い方をすれば「見える化」することによって不安が解消されることになるからです。家計を把握するために家計簿をつけるというのは最初、面倒かもしれませんが、慣れてくれれば家に帰った後、洋服を着替えるようにその日に使ったお金を記録するのが習慣になります。そうすれば、何の問題もなく続けることができるようになります。まずは、第一歩をやってみてください。

3 管理可能な支出と管理不能な支出

先ほど、支出の内容を三つに分類するとお話ししましたが、別の観点から支出の性格を二つのタイプに分けることができます。それは「管理可能な支出」と「管理不能な支出」です。例えば、外食や旅行、ファッションといった支出は管理可能なものです。頻度や金額を自分でコントロールすることができるからです。一方、管理不能なものは加入している保険料、各種年会費、雑誌や新聞等の購読料といったものがあります。これらは金額が決まっていますから、勝手に自分で変えることはできません。

多くの人はこれらのうち、まず管理可能な支出から削ろうとします。毎週1回出かけていた外食を月1回にしようとか、旅行を半年に一度から1年に一度にしようといった具合です。でも実を言うと、このやり方は大きな間違いです。結論から言えば、私は管理可能なものを削減するのではなく、管理不能なものを削減すべきだと考えていますし、実際に実行しています。

管理可能なものというのは、言い換えれば人生を楽しむための費用です。先ほどの三つの分類から言えば「自己実現費」、すなわち楽しいことをやるための費用です。それらは趣味や旅行、食事といった生活を豊かにしてくれるものですから、いくら定年後だからといって、その楽しみを削ってしまうというのはあまりにも寂しい気がします。むしろ、そういうことを楽しみたいために辛いことも我慢して一生懸命働いてきたはずです。だから、こういう費用をあまり削る必要はありません。逆に、こういう支出を削減することでストレスが溜まり、健康にも悪影響を与えます。したがって、もう一方の「管理不能経費」を削るべきなのです。

「え！　管理不能経費は金額が決まっているのだから管理不能なのではないの？」と思う人は多いでしょう。その通りです。ですからこの場合は金額のコントロールではなく、その項目そのものをなくしてしまうのです。具体的に言えば、最も大きな無駄は保険です。生命保険というのは、その人が亡くなった時に経済的に困る人がいる場合に入るものですが、定年になって子供も独立した場合、本人が亡くなってもあまりお金に困る人はいないでしょう。配偶者に対しても遺族年金が支給されますから、巨額の生命保険はほとんど無用です。よく「いや、葬式代に」と称して加入を続けている人がいますが、葬式代ならば貯金から出せばいいだけの話です。そんなものに延々と保険料を払い続けるくらいなら、その分を旅行のために積み立てるとかして生活を楽しむ方に振り分けるべきです。それによって月数万円は削減でき、ゆとりが生まれます。

他にも無駄はたくさんあります。例えば、払っているけどほとんど利用していないクラブや団体の会費はほとんど無駄な経費です。携帯電話にも無駄があります。よくファイナンシャル・プランナー（ＦＰ）の人たちは格安スマホに変えればいいと言いますが、シニア層の人たちにとってそれは結構面倒で、ハードルの高いことでしょう。でも、契約する時についていた無駄なオプションプランはほとんど使っていませんから、単に解約すればいいだけです。また、現役時代の習慣で何誌も取り続けている雑誌や新聞等も不要です。今の時代は多くの記事がインターネットから無料で読めます。

紙の媒体でしか出ていない記事をどうしても読みたければ、近所の図書館に出かければいいのです。

このように、まわりを見渡してみると、そんな無駄がたくさん存在しているはずです。まずはそういうものを削るべきです。それに外食や旅行等の管理可能経費を削るというのは楽しみが減るわけですから面白くありませんし、わびしい気持ちになります。ところが、これら管理不能経費はなくしても実際の生活にはほとんど影響が出ません。だからこそ、管理不能だと思われているものに思い切ってメスを入れるべきなのです。

実を言うと、私自身も定年直後に見直しを実行しました。削減できた金額は、医療保険5000円（生命保険は45歳で全部解約しました）、日経新聞以外の新聞購読停止で4000円、携帯電話の不要オプションを解約して6000円と、これだけで月1万5000円ですから年間では18万円の削減です。それに義理で入っていた団体を脱会することで、その年会費2万円を加えて年間20万円の無駄をなくすことができました。この金額なら夫婦二人で何度か温泉旅行に行くこともできます。おまけに、これらをやめたからといって生活実感のうえでは何も変化はありませんし、むしろそのお金で楽しいことができるようになった分、生活は豊かになったと感じます。

「老後は生活を質素にして節約することで支出を削減すべし」という固定観念に捉われる必要はありません。意識せずに無駄になっている支出を大いに見直すべきです。そんな数多くある無駄の中で、金額、内容共に最も無駄と思われるものが保険です。次の項では我々がいかに無駄な保険料を払い続けており、それをなくすことでいかに家計が改善されるかについてお話をしたいと思います。

4 最も大きな無駄は保険

支出の見直しはやたら節約するのではなく、普段ほとんど意識されていない無駄を見つけて見直すべきだとお話をしましたが、その最たるものが保険です。実は多くの人が保険について勘違いをしています。それは、保険を貯蓄の手段と思っていることです。言うまでもなく、保険の最大の目的は「保障」にあります。自分のお金では到底賄えないような大きな経済的な危機に備えるためのものです。ごく単純に言えば、みんな（保険の契約者）が少しずつお金を出し合い、プールしておいたお金を、不幸な目に遭ってしまった人に回してあげる、言わば助け合いの仕組みが保険の本質です。

言うまでもなく自分が不幸な目に遭わなければ、出したお金は損になります。誤解を恐れずに言えば、保険は「損をするもの」なのです。みんなが少しずつわずかな損をすることで、万が一大きな経済的不幸に遭ってしまった時に、誰もが自分にお金を回してもらえるという非常にありがたい仕組みなのです。自動車保険しかり、火災保険しかりです。自動車保険に入って、もし無事故なら払い込んだ保険料は損ということになります。生命保険なら加入期間中に死ななければ保険料は損です。でもその損を受容することで、万一に備えるという性格のものなのです。

ところが世の中には、そのわずかな損が嫌で「貯蓄型保険」に入っている人が結構います。ところが、貯蓄と保険とはその目的が正反対です。貯蓄は「できるだけ多くのお金を蓄えることで将来の楽しみに備えるもの」、これに対して保険は「できるだけ少ないお金を払うことで将来の危険に備えるもの」なのです。全く正反対の目的のものを一つの金融商品で対応するというのは明らかに無理があります。自分が払い込んだ保険料の中から、保障に回る部分と運用に回る部分が混在するわけですから、結局どっちつかずになってしまいがちです。これは保険の本質を見誤って、「わずかな損でも嫌だ」と思う心がもっと大きな損を呼び込んでしまっている例と言っていいでしょう。

一体、我々はどれくらい保険で無駄なお金を使っているのでしょうか？　公益財団法人生命保険文化センターが3年毎に行っている「生命保険に関する全国実態調査」というのがあります。直近では２０１８年9月に行われた調査によって、様々な数字が明らかになっています。それによれば全国平均で一世帯あたりの生命保険の年間払込保険料は38万２０００円となっています。1ヶ月あたりで見ると3万円以上です。

さらに詳しく年代別で見ると、60～64歳までが年間43万９０００円、65～69歳だとグッと減りますが、それでも33万８０００円です。定年の時点でお金がないと言っても、これだけの保険料を払っているのです。さらにこれは生命保険ですから、医療保険も含めるともっと大きな金額になるでしょう。

しかしながら、60歳を過ぎて、生命保険は本当に必要なものでしょうか？　もちろん、まだ子供が小さいご家庭であればある程度必要でしょうが、例えば、独身や子供がいない、あるいは子供はいるが既に独立している人なら生命保険はほとんど不要です。むしろ、そんなものに払い込むお金の余裕があるならそれは貯蓄に回すべきです。

医療保険も同様です。後述しますが、我々日本人は全員、公的な医療保険（健康保険）に加入しています。どれだけ治療費がかかっても「高額療養費制度」を使えば、非常に少ない負担で済みます。

もし手術をして100万円くらいかかったとしても、自分で負担するのは9万円足らずです。それに、民間の医療保険というのは、医療費を賄うというよりは公的医療保険ではカバーされない差額ベッド代とか病院への通院に使うタクシー代のような余分にかかる費用を賄うためのものです。であれば、医療保険に入るくらいなら、そのお金を貯蓄しておいた方が賢明です。

お金のいいところは、貯めておけば使い道は後で自由に決められるということです。治療費は健康保険で賄われますから、病気になって治療費以外の諸々の出費が出てきた場合は、貯めておいたお金を使えばいいだけの話です。もし病気にならなければ、そのお金は美味しいものを食べたり、旅行に行ったりすることに使えます。

仮に、民間の保険会社で医療保険に加入し、毎月1万円ずつ保険料を払っていたとすれば年間で12万円です。先ほどの生命保険料の平均38万2000円と合わせると、毎年50万円ほどが保険料として払い込まれています。それをやめて貯蓄に回せば、10

年で500万円、20年なら1000万円のお金を貯めることができます。実際、日本人ほど保険好きな国民は世界的にも稀だそうです。FPに聞くと、家計が苦しい、お金がないと言いながら、保険にはたくさん入っているという人がたくさん相談にみえるそうです。ただ、そうは言っても図⑤を見ればおわかりのように、この10年ほどで見た場合、どの年代層でも保険料の払い込み金額は大きく減っています。やはり、保険が無駄であることに気づいた人は少しずつ増えているのかもしれません。

図⑤

世帯年間払込保険料（全生保）［世帯主年齢別］

（万円）

	平成18年	平成21年	平成24年	平成27年	平成30年
全　体	52.6	45.4	41.6	38.5	38.2
29歳以下	26.0	31.7	20.2	24.2	23.3
30～34歳	36.4	33.1	31.0	27.6	29.8
35～39歳	39.7	37.0	31.7	32.9	38.0
40～44歳	54.8	46.9	40.3	38.5	34.5
45～49歳	59.8	51.3	46.2	44.2	42.7
50～54歳	58.1	47.6	51.8	49.8	48.3
55～59歳	60.4	55.1	51.3	49.2	45.3
60～64歳	58.3	48.2	43.4	43.4	43.9
65～69歳	53.4	42.1	39.4	33.9	33.8
70～74歳	52.9	43.1	36.9	30.7	29.9
75～79歳	45.3	43.8	32.9	30.0	35.3
80～84歳	30.6	48.7	43.9	30.6	29.5
85～89歳	65.1	16.9	73.9	21.1	36.5
90歳以上	12.2	64.2	23.6	21.4	22.5

＊全生保は民保（かんぽ生命を含む）、簡保、JA、県民共済・生協等を含む
＊90歳以上はサンプルが30未満

出典：公益財団法人生命保険文化センター「平成30年度生命保険に関する全国実態調査〈速報版〉」

では、保険が全く不要であるかというと、決してそんなことはありません。冒頭にお話ししたように保険の目的は「保障」です。したがって、入っておくべき保険はあります。具体的にどういうものが必要で、どんなものが不要かについてお話ししましょう。

保険に入るべき条件とは、次の三つが揃った時です。

①滅多に起こらないこと
②でも、もし起こったらとても自分の蓄えでは賄えないこと
③そして、それがいつ起きるかわからないこと

こう考えると、絶対入っておくべき保険はある程度見えてきます。まず、車を運転する人であれば自動車保険の対人賠償は絶対必須です。家を新築したときの火災保険も入っていた方がいいでしょう。子供がまだ幼く、一家の働き手が自分しかいないという人であれば、生命保険も一定金額は必要でしょう。さらに、病気で長期入院とか離職しなければならないような時に、収入が途絶えても困らないようにするための所得補償保険などは一定の役割があると思います。

ただ、自動車保険や火災保険と異なり、後の二つは公的な保障やサラリーマンであれば、会社や労働組合などが対応してくれる企業内保障がある場合もありますので、そのあたりをよく検討して必要な金額だけ加入すればいいと思います。

ここまでお話ししてきたのは、特に定年後の人に限ったお話ではありませんが、退職者の場合はなおさら、保険が本当に必要なのかどうかを冷静に考えて見直す必要があります。豊富な資産を持っているのであればともかく、そうでなければ無駄な保険料は老後生活にとって大きなマイナスになります。生命保険をやめるだけで毎月3万円もの余裕が生まれることを考えると、やはり生命保険の見直しは必須と言えるのではないでしょうか。

5 社会保険は一番大切な保険

前項で、支出を管理するうえでは無駄な保険に入らないことが重要であることはお話しした通りです。ところが、保険に入っていないと不安だと感じる人は多いようです。そのため、日本人は外国に比べて保険に入っている人が非常に多いのが実態です。前にもお話ししましたが、保険というのは自分の蓄えでは賄えない場合に入るものです。

さらに言えば、日本は諸外国に比べて公的な保険制度が充実しているので、民間保険会社の保険に加入していなくても十分な保障が受けられます。生命保険が死亡した後の家族の生活を賄うものであれば、遺族年金がその代替機能を持っていますし、公的な医療保険に加入していれば、医療費もごく限られた金額を負担するだけで治療が受けられます。民間の保険に入っていなくても決して無保険というわけではないのです。本当に必要な保障であれば保険に入るのもいいのですが、多くの場合、そんな必要がないにも関わらず保険に入って、生活が苦しい中からも無駄なお金を払い続けているのが現状です。

では、なぜそんな無駄なことをするのかというと、恐らく「社会保険」のことをよく知らないからでしょう。社会保険というのは、社会全体で「保障機能」を賄う仕組みです。誰もが少しずつお金を出し合って負担することによって、困ったことが起きた人にそのお金を回してあげる仕組みですから、まさに「保険」そのものと言えます。具体的には老後に働けなくなってお金が入らなくなっても、生活が困ることのないように「年金保険」があります。病気になった時に治療費が支払われる「健康保険」もそうです。また高齢で要介護になった時に家族の負担を軽くするための「介護保険」、失業してしまった時に一時の生活を賄うための「雇用保険」といったものが社会保険の代表的なものです。

日本は国民皆保険制度ですから、基本は全員がこれらの社会保険に加入しています。

ほとんどの場合はこれで足りるのです。しかも民間の保険は営利事業ですから、加入者が負担した保険料から社員の給料や会社の利益を差し引いた分が保障に回るのに対して、社会保険は営利が目的ではありません。それどころか保険料だけでは足りない場合、国の税金も投入されています。つまり、利用する側から見れば、非常にお得になっているのです。

したがって、最初に考えるべきことは、社会保険の仕組みを知り、どんな時にどんな保障が、どれくらい出るのかを理解することです。そのうえで自分にとって足りないと思う部分があるのなら、民間の保険に加入すればいいのです。にもかかわらず、多くの人が公的な社会保険を知ろうとせず、無駄な保険に入り続けようとします。面倒かもしれませんが、まず社会保険の中身を知ることで大きくお金を節約することができるでしょう。

ところが、社会保険の範囲は非常に広く複雑なので、どうやって調べたらいいのかわからないという人も多いでしょう。これについては、自分が住んでいる市町村の窓口に出かけることをお勧めします。どんな制度があるかについては、聞けば丁寧に答えてくれるはずです。ただ、何もわからない状態で出かけて行っても会話がかみ合わない可能性もありますので、事前に本を読むなどで少し勉強をしておいた方がいいと思います。『大図解　届け出だけでもらえるお金』井戸美枝（プレジデント社）と『「困った！」時に助けてくれる　社会保障一覧表２０１８年度版』（アントレックス）は、社会保険の種類をおおざっぱに知っておくうえで参考になるでしょう。

さらに言えば、社会保障のほとんどは申請しないともらうことはできません。自分で手続きをすることが必要です。「そんな不親切な。必要な場合は自動的に支給されるようになればいいのに」と思う人は多いかもしれません。そのためには、その人のプライベートな部分まで公的機関がすべて把握していないと不可能です。でも、そういうことを全て知られるというのは、どことなく気持ちが悪いと感じるのは私だけでしょうか？　やはり、どんなものがあるかくらいは知っておき、いざ事が起きた時には役所の窓口なり社会保険労務士なりに相談したうえで、自分で必要な手続きをするのがごく自然なことだろうと思います。

社会保険というのはある意味、非常によくできた制度で、人生において困ったことが起きた時に、知っているのと知らないのとでは大きな差が出てきます。長い人生の間にそれまでたくさんの社会保険料を負担して払ってきたのですから、何かあった時にはそれをフルに利用するのは当然です。社会保険について、ほんの少しだけ勉強をしてみてください。

6　一時出費は厄介、方針を決めておくことが肝心

支出の最も基本になる「日常生活費」を把握するのは、何と言っても家計簿をつけることだということを言いました。支出の二番目にくる「自己実現費」は管理可能な支出ですが、これをあまり削り過ぎるとストレスになるので、自分や家族のやりたいことが何かを優先して考え、それを予算化することだということもお話しした通りです。ここまでは比較的シンプルなのですが、厄介なのが三番目の「一時出費」です。

なぜ厄介なのかという理由は三つあります。

最初の厄介な理由、それは**「数字が読めない」**ことです。そもそも一時出費とはどんな性質のものかと言うと、住宅の改築やリフォーム、子供の結婚資金援助、マイカーの買い替え、入院や介護に伴う費用といった事柄です。家を建てた後は一定の期間が過ぎればあちこちが傷んできますので、修理やリフォームが必要ですが、時期が

決まっているというわけではありません。子供の結婚についても時期が読めるわけではありませんし、そもそも結婚するかどうかもわかりません。病気や介護も言うに及ばずで、そういう事態が起きるかどうかも全く読めません。つまり、一時出費というのは①そもそも発生するかどうかわからない、②発生するにしてもそれがいつになるのかがわからない、という性格のものが多いため、数字が読めないということになるのです。

二つ目の厄介な理由、それは**「どこまで支出すべきかに悩む」**ということです。私も定年後2年目に築25年にして初めてリフォームをやりましたが、どこまでやるかについては随分悩みました。子供の結婚資金援助も悩ましい問題です。最初から一切資金援助はしないと割り切ってしまえば楽ですが、気持ちのうえでは割り切れないという場合もあるでしょう。親の気持ちとしては、できるものなら援助してやりたいという気持ちがある半面、立派な大人なのだから結婚資金援助などというのは甘やかせ過ぎだという思いもあります。これは単に金銭的な問題だけでなく、親子間の情が絡む話なので悩ましいのです。

そもそも、一時出費の大半はライフスタイルや人生観によって大きく異なってくる性質のものです。したがって、全てが合理的な「勘定」によって決定できるわけではありません。多くの場合、そこには「感情」が入り込んでくる。だから厄介なのです。

最後の厄介な理由は、往々にして**「予算をオーバーしがちになる」**ということです。よくありがちなのは、家のリフォームで当初の予算を大きく上回ってしまうという事態です。これはよほど気をつけないとそうなってしまいます。例えば、居間をリフォームすると決めて、壁紙や床をリフォームしたとしましょう。当初の予定では、ソファやテーブルはそのままのものを使う予定だったにもかかわらず、新しい居間が出来上がってみると、何となくそれまで使っていた家具がみすぼらしく見えて、つい新しい家具に買い替えてしまうという行動です。これは「ディドロ効果」という心理現象で、リフォームではなくても誰にでも経験のあることでしょう。ゴルフクラブを新調したら靴も新しいものが欲しくなってしまうとか、女性であれば洋服を買うとアクセサリーも新しくしたくなるという心理です。

このように支出の中で最も厄介なのが一時出費なのですが、それでは、この支出をコントロールするためにはどうすればいいのかということについて考えてみましょう。一つひとつの事象について、すべて適用できる汎用《はんよう》的な答えがあるわけではありません。ただ、重要なポイントはいくつかあります。

①ライフスタイルを決めておくこと

一時出費の多くは、ライフスタイルによってその多寡が決まると言っていいでしょう。子供が小さい内は郊外の家に住んでいても独立して夫婦二人になったら都心の小さな集合住宅に引っ越しするという考え方があります。この場合であれば、家を売って小さなアパートやマンションに買い替えるのですから、リフォームという大きな出費は不要です。同様に退職後の生活圏によってはマイカーを手放してしまうという考え方もあります。要は自分がどんなライフスタイルで将来過ごしたいかによって、何に、どれくらいお金を使うかのポリシーが決まってくるはずです。まずはこれを考えておくことが必要です。言い換えれば、お金を使う優先順位を決めておくことです。

②リスクを想定し、備えておく

一般的にリスクと言えば、何か悪いことが起きると思いがちですが、この場合のリスクというのは、予測不可能なことを言います。例えば、病気になるかならないか、災害に遭うかどうかなどは事前にはわかりません。よく、リスクに対応するには保険と思いがちですが、ありとあらゆるリスクに全て保険で備えるのはあまり現実的ではありません。本章の3でお話ししたように、保険というのは「滅多に起こらないけど、もし起きたらとても自分の蓄えでは賄えないこと」に対応するためのものだからです。災害で家がなくなってしまうというような事態には保険で備えるべきですが、定年後、年をとるにしたがって、病気がちになるというのは誰でも容易に予想できることです。したがって、そういうリスクについては事前にある程度想定して、お金を準備しておくことが必要です。

特に金額も大きく、かつ予想しづらいのが医療と介護ですので、次はこの二つの具体的な金額について考えてみましょう。

7 医療・介護のメドは？

老後の支出の中で、最も難しいのがこの「医療・介護」にかかる費用でしょう。この金額を正確に把握するのは極めて困難です。なぜなら、いつ病気になるのか？ あるいは要介護状態になるのか、ということは誰にもわからないからです。病気も介護も多くの場合は突然訪れます。しかも、それがいつまで続くのかが全くわかりません。したがって、介護や医療にかかる費用をあらかじめ読んでおくことはとても難しいのです。さらに、人によって受ける医療・介護のサービスの質をどの程度まで求めるのかによってかかる費用が全く異なってきます。したがって、多くの人が不安に思うのもこの部分なのです。

家計やライフプランについてのアドバイスを専門に行うＦＰでも、この金額は人によって様々な意見があります。しかしながら、そうは言っても大体どれくらいの準備をしたらいいのか、というのはかなり切実なことでもあります。そこで大雑把でもいいので必要な金額のメドを出してみましょう。

私は以前、社会保険労務士でFPの井戸美枝さんと一緒に『定年男子 定年女子』（日経BP社）という本を書きました。井戸さんは私が最も信頼するFPの一人なのですが、彼女によれば、老後の医療と介護については、それらを合わせて800万円くらいあれば、まあまあのサービスを受けられるのではないかとおっしゃっています。では、その数字の根拠はどこにあるのでしょうか。公益財団法人生命保険文化センターが2018年に行った「生命保険に関する全国実態調査」の中で、過去3年間に介護経験がある人に聞き取り調査を行ったデータがあります。それによれば、介護にかかった期間の平均は4年7ヶ月、そして介護に要した費用（公的介護保険サービスの自己負担費用を含む）は、住宅改造や介護用ベッドの購入などの一時費用の合計が平均69万円、月々の費用が平均7・8万円となっています。

図⑥

介護費用の計算例

毎月の介護費用		介護期間		一時費用		合計
7.8万円	×	4年7ヶ月（55ヶ月）	＋	69万円	＝	498万円

そこで、この数字を基に単純に計算をしてみると図⑥のように金額は４９８万円ほどになります。もちろん、この金額を準備していれば大丈夫とは言い切れません。先ほどの調査でも介護期間で言えば平均は４年７ヶ月ですが、その近辺に集中しているということではなく、かなり分散しています。１年未満の場合も13・８％、逆に10年以上の場合も14・５％ありますから、１００万円以内で済む場合もあれば、逆に１０００万円でも足りないこともあるということです。もちろん、ずっと元気で介護を受けることなく亡くなられる方もいますので、その場合には介護費用はなしということになります。つまり、本当のところはいくら

かかるかわからないのです。したがって、少なくとも平均とされる５００万円くらいは準備をしておくのが無難だということになるでしょう。

次に、医療費を考えてみましょう。これも一概には言えませんが、参考となるデータがあります。それは厚生労働省が発表した「年齢階級別一人当たり医療費の自己負担額」（２０１４年度実績）です。それによれば、65～89歳までの医療費の自己負担額の平均は合計で約１９２万円となっています。これに加えて入院した場合の治療費があります。一般的に医療費の本人負担額は70歳までは３割で、それが一定額を超えた場合には「高額療養費制度」によって払い戻してもらえます。

その限度額は収入によって違いますが、仮に年収が約３７０万～７７０万円の場合だと、もし月に医療費が１００万円かかっても自己負担分は９万円程度で済みます。これが70歳以上で高額療養費制度を利用した場合、自己負担額の上限は月に5万７６００円です。仮に10ヶ月入院したとすれば、自己負担額の合計は約58万円です。先ほどの１９２万円と合わせると２５０万円となります。前述の介護費用平均４９８万円に、この２５０万円を合計すれば７４８万円です。少し余裕を持って８００万円。夫婦二人の場合であれば、1500万〜1600万円を医療・介護費用に関して一つのメドと考えていいと思います。

さらに、もう一つ考えておくべきことがあります。今、計算した金額は自分とその配偶者の分です。ところが、現在50歳前後の方であれば、まず考えるべきことは親の医療や介護です。これに関する費用については、親に年金や蓄えが全くないという場合を除けば、原則として親自身のお金で賄うようにしてもらうべきです。

そうでなければ、自分の介護がやってきた時に自分で賄うことができなくなってしまうからです。そのために、いずれやってくる可能性のある介護については、金銭的なことについて親と十分に話し合っておくことが大切でしょう。前述のように、介護というのは突然やってきます。もし兄弟がいるのであれば、介護の役割をどう分担するのかも相談しておくべきです。

これは、自分が介護を受けることになった場合も同様です。子供に金銭的な負担をかけることなく、介護費用は自分で用意しておくべきです。その金額のメドが前述の

８００万円と考えておけばいいと思います。日常生活費については、公的年金を中心にある程度は賄うことは可能ですが、介護費用を公的年金から出すというのはかなり厳しいと考えておくべきでしょう。できることなら定年後も働くことで何らかの収入を得るようにし、退職金を将来のために手をつけず、残しておくべきかと思います。そのための方法や考え方については第４章で詳しくお話しします。

もちろん、これだけ準備しておけば完璧ということはありません。あるいは準備はしたもののその必要がないということも起こり得ます。ただ、何もわからないままいたずらに不安を持つよりはメドとして考えておくべき金額を知っておき、その準備は考えておいた方がいいでしょう。

8 もう一つの重要な支出

ここまで、様々な支出についてお話をしてきましたが最後に一つ、極めて重要な支出についてお話をしておきたいと思います。それは「教育費」と「住宅ローン」です。本書を読んでいただいている方の多くは40代後半から60歳手前くらいの方が多いでしょうから、まさにこの二つの支出が大きなウェイトを占めているものと想像されます。

結論から申し上げると、可能な限り、この二つの支出は現役時代で終わらせてしまうことが重要です。本章の1でお話ししたように、定年後の生活費は現役時代に比べるとかなり減少します。私の場合は3割くらい減りましたが、それには一つ条件があります。それが、この「教育費と住宅ローンが残っていない」ということなのです。「管理可能支出」と「管理不能支出」とお話をしましたが（78ページ）、この二つの支出項目は言わば負債あるいは負債的な性格のものですから、「管理不能支出」であるうえに、それをなくすということもできません。つまり、定年で収入が減るにもかかわらず支出は減らないということになりますので、現実にはかなり生活は厳しくなると言わざるを得ません。

昔であれば、比較的早い時期に結婚して子供が生まれ、定年時には子供も独立しているというケースが多かったでしょう。また住宅ローンも定年までに返済し終えるという予定を組んでいた人も多かったために、この二つの支出はそれほど気になりませんでした。ところが、晩婚化や晩産化が進んだことによって40代で子供が誕生するということも珍しくなくなりました。定年時においてもまだ子供が中学生や高校生というケースもたくさんありますので、むしろ教育費が本格的に必要なのが定年後という場合もあるのです。

また、住宅ローンについて言えば、ずっと賃貸で過ごす予定だった人が長引く超低金利によって比較的年齢が高くなってからローンを組む人も増えてきています。このため、何も手を打たずにいると、定年後にこの大きな二つの支出が残ってしまうということになってしまいます。したがって、収入がある現役のうちにできる限りこの二つの負債を減らしておくことが大切です。

まず、教育費についてです。先ほど医療・介護の費用のメドは800万円と言いましたが、教育費はこれよりもかなり多くかかります。幼稚園から高校まで全て公立、大学は自宅から私立に行った場合の教育費は、およそ1226万円くらいかかります（文部科学省「2016年度子供の学習費調査」および独立行政法人日本学生支援機構「2018年度学生生活調査」より）。これが子供一人にかかる教育費です。

一般に、教育費と老後の生活費はトレードオフの関係にあると言われます。一方にお金をかけると、もう一方に回らなくなってしまうということです。子供の教育にお金をかけるというのはとても素晴らしいことではありますが、かけ過ぎてしまった結果、老後資金がなくなり、後に子供に助けてもらわなければならなくなるというのでは本末転倒です。もし教育費を出すことが困難なのであれば、子供とよく話し合って、子供自身に負担させるということも選択肢だと考えるべきでしょう。人が生きていくための大原則は、すべからく「自立する」ということですから、高校まではともかく、大学は親が無理をするのではなく子供に自力で教育を受けさせる（働く、奨学金等）ことで自立を促すチャンスになるかもしれません。

次に住宅ローンですが、私は金利の高低に関係なく、できる限り繰り上げて返済すべきだと思います。２０１２年以降、最近まで株式市場が好調を続け、住宅ローン金利もマイナス金利の影響で低下していたため、返済を後回しにしても資産運用で稼ぐべきだという意見を持つ人もいますが、私はそれには反対です。資産運用はあくまでも不確実なものであり、上手くいく時ばかりとは限らないからです。少なくとも、定年が近くなってきている状況で過剰なリスクを取るべきではありません。できるだけ借金を減らしておくことを優先すべきだと思います。

今までお話ししたように、この二つの支出はできる限り現役時代に終わらせてしまうのが理想ですが、そうは言っても定年が近くなってもまだかなり残っている場合はあり得るでしょう。そんな場合は、定年後も引き続き働くことが必要になってきます。そこで次章からは定年を迎えた後の働き方についてお話をしていきます。

第4章

働くことで老後不安は解消

1　〝人的資本〟が最も重要

本章では、60歳で定年を迎えた後も収入を得る手段として重要な「働くこと」について考えてみたいと思います。生活を賄っていくためにはお金が必要ですが、そのお金を生み出す手段はたった二つしかありません。それは「人的資本」と「金融資本」です。資本というのは言わば元手であり、事業においては価値を生み出すための手段ですが、この場合は生活を賄うための手段が「資本」と言っていいでしょう。

「人的資本」というのは働いて稼ぐ力のことです。一方、「金融資本」というのはお金自体が新たに価値を生み出すことです。例えば、預金や有価証券を持っていることで、その利息や配当などを得るということがそれにあたると言っていいでしょう。

一般的に、若いうちは大きな人的資本を持っている代わりに、金融資本はあまりありません。若いということは長く働ける時間を持っているわけですから、大きな人的資本があると考えていいでしょう。しかしながら、働き始めたばかりの若い人がそんなにお金を持っているわけではありませんから、金融資本がないのは当然です。逆に、年をとるにしたがって働ける期間は短くなりますから、人的資本は少なくなる代わりに、それまで働いた分から生み出された「蓄え」という金融資本は段々大きくなっていきます。

「いや、でも60歳近くになっても貯金がほとんどないのだから、自分には金融資本なんてない」と思っている人がいるかもしれませんが、実は、そんなことはないのです。というのは、金融資本にも二通りあるからです。働いた結果、「自分で貯めたお金」と「退職金や年金」です（図⑦）。企業の退職金というのは言わば給料の後払いですから、働いた時にもらうのではなく、老後に備えてとっておき、退職時にもらうものです。

公的年金は少し仕組みが異なりますが、これも現役時代に保険料を払い込むことで、引退した後、死ぬまでお金が支給されます。どちらも自分で蓄えたものではなく、企

図⑦

お金を生み出す二つの手段

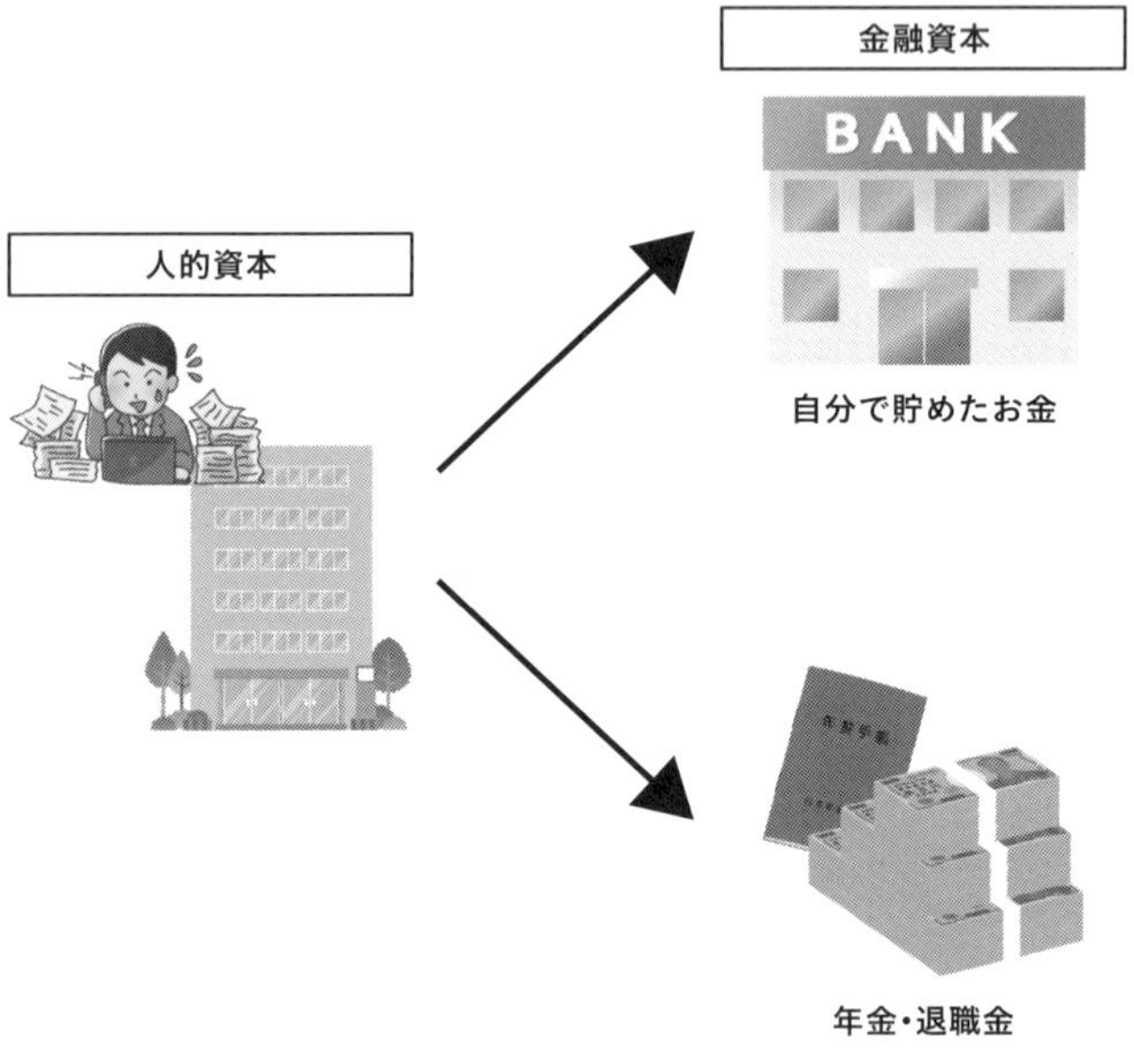

業や国が管理して運営するものの、原資は自分で働いたお金から出ているわけですから、金融資本を持っていることに代わりはありません。

ただ、二通りある金融資本のうちの「自分で蓄えたお金」があまりないというのであれば、そこから対応する方法は二つしかありません。一つは第3章でお話しした支出を見直すということ、もう一つは本章でお話しする「働く」ということです。

前述のように「金融資本」というのは、自分が働いた結果、積み上がっていくものですから、全ての出発点は「人的資本」すなわち働いて稼ぐことにある、というのがわかります。だから、60歳を前にしても自分で貯めたお金が不十分だというのであれば、働くことが大事になってくるのです。「今まで一生懸命働いてきて、ようやく定年になってのんびりできると思っていたのに、まだ働かなきゃいけないのか！」と思う人がいるかもしれません。もしどうしても働くのが嫌だということであれば、働かなくても、最低限食べていくことはできます。第1章の3に出てきたように、公的年金の受給が月額15万円でも楽しく生活していくことはできるからです。

でも今の時代、60歳という年齢はまだまだ若いのです。男性の平均寿命は81・09歳（「簡易生命表」２０１７年より）ですが、これは０歳児からの平均寿命ですから、60歳まで生きてきた人が、そこから平均すると何年くらい生きられるかという平均余命で見ると、83・72歳となります。

いずれにしても、定年を迎えた後もまだ20年以上にわたる生活が待っているのです。現在の年金制度がほぼ出来上がった昭和30年代の平均寿命が65歳くらいだったことを考えると、年金で生活していく期間はせいぜい5〜10年くらいという想定で設計されていたはずです。だとすれば、現在の平均寿命で考えた場合、70歳くらいまで働くのも決して不自然なことではないでしょう。

年齢に関係なく、「働く」ことは全ての富を生み出すことの基本です。よく「資産運用でお金を増やしましょう」という金融機関の宣伝文句がありますが、運用というのはどこまで行っても不確実なものです。やはり、何らかの形で働き続けるというのがベストだろうと思います。

図⑧

男性高齢者の就業率の推移（1989～2017年）

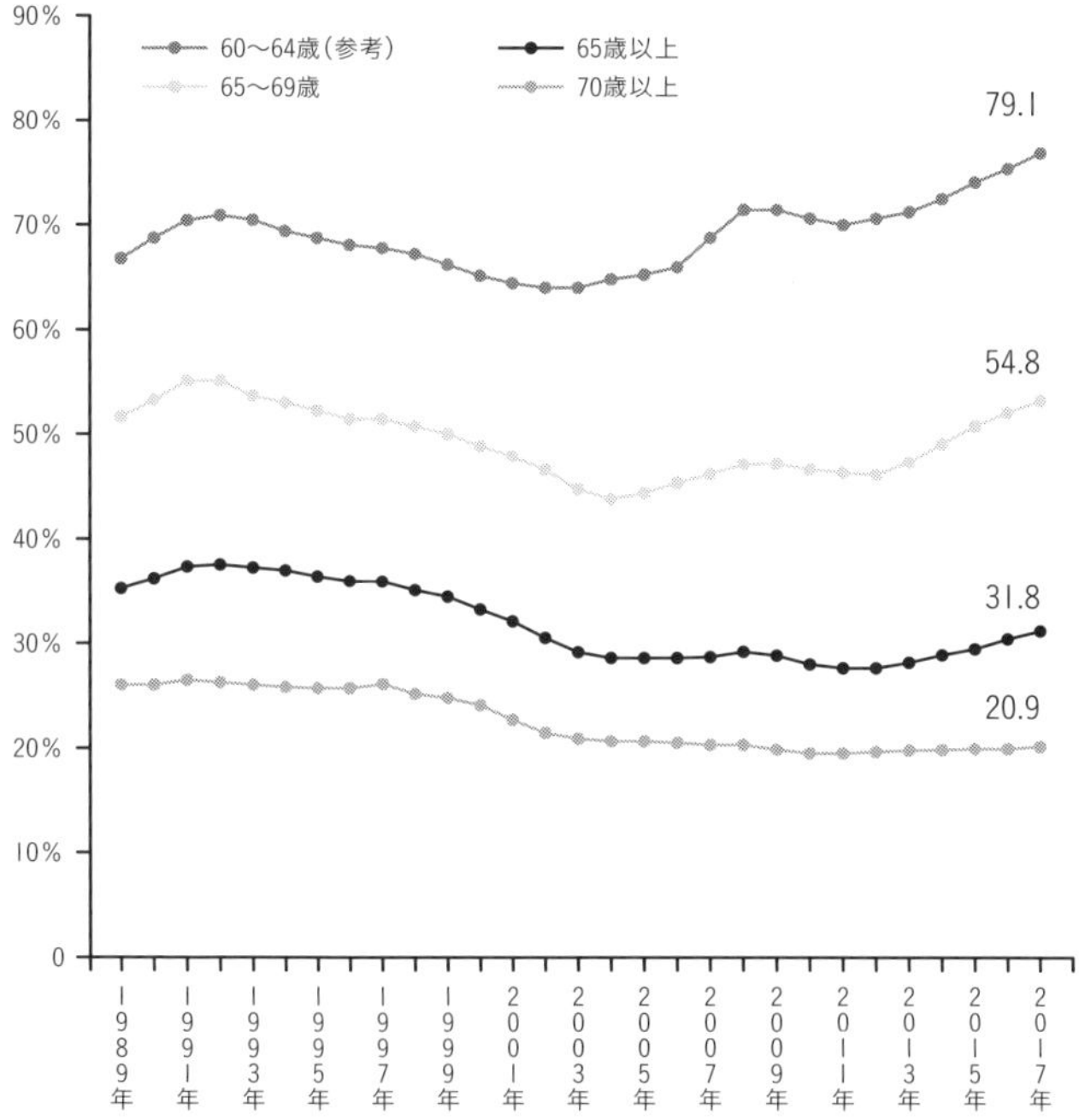

資料：「労働力調査」（基本集計）
（注1）年齢階級別就業率は、各年齢階級の人口に占める就業者の割合
（注2）2011年は、東日本大震災に伴う補完推計値

出典：総務省統計局ホームページ（http://www.stat.go.jp/data/topics/topi1133.html）

ただし、働くと言っても現役時代と同じような働き方はなかなか難しいでしょう。体力も知力も若い頃と同じようにはいきませんし、収入額自体も現役時代よりは大きく減少することになるのが普通です。ところが総務省のデータによれば、65～69歳での就業率は男性で54・8%ですからおよそ二人に一人は60代後半でも働いているのです（図⑧）。つまり、少し発想を変えてみれば、60歳以降でも決して働けないわけではないのです。そこで、具体的に60歳からの働き方としてはどんなことができるか、どういうメリットや問題点があるのかについて、考えて行きましょう。

2 いつまで会社で働けるのか？

現在も多くの会社は60歳定年制を敷いています。厚生労働省の「就労条件総合調査（2017年版）」によれば79・3％の会社が60歳定年です。もちろん2013年に「高年齢者雇用安定法」が改正され、60歳以降も就労を希望する社員については、最長65歳までは何らかの形で雇用することが義務付けられましたので、実際には多くのサラリーマンは定年後再雇用という形で60歳以降も働いています。

また世間の流れとしては、定年の延長とか再雇用も65歳ではなく70歳までを可能にするという動きも出てきています。政府も「一億総活躍社会」という方向性の中、2018年10月に開かれた未来投資会議で、「70歳までの就業機会確保」のための雇用改革案を打ち出しています。したがって、それが幸せかどうかは別として、定年後も会社に残って働けるという環境は整いつつあると言っていいでしょう。

ただ、それも多くは65歳までです。それ以降も働けるという会社は、今のところはごく少数です。「まあ65歳まで働けるのだったら、それで十分だ」という方ならそれでいいでしょう。でも70歳まで働きたいということであれば、少し考えてみた方がいいと思います。私自身、60歳の定年後に半年間という短い期間ではありましたが、再雇用制度で働いたことがあります。今から7年前ですから、まだそれほど再雇用制度が浸透していなかったせいもあるでしょう。さらに私がそれまで管理職だったこともあり、再雇用後の職場の中に自分の居場所とか働きがいを見つけるのはなかなか難しかったという印象を持っています。

こういう空気は、多かれ少なかれ今でもあると思います。本来、法律で65歳までの雇用が義務付けられた背景は、年金の支給開始年齢が65歳まで伸びたのがその大きな原因です。決して経営者が望んでいたわけではありません。今は人手不足もあるうえに、厚生年金への加入期間をできるだけ長くするほうが年金の健全性が保たれますから、国の方向としてはなるべく長く働いてほしいという方向になっています。しかし、自分がもし経営者の立場であれば、高齢社員をいつまでも雇い続けるというのは、正直勘弁してほしいと思うでしょう。

しかしながら、経済的な理由も含めて自分は60歳以降もできるだけ長く働きたいというのであれば会社の制度に頼るだけではだめです。なぜなら65歳で仕事が〝強制終了〟になってしまうからです。だとすれば、一体どうすればいいのでしょう。まずは自分なりのプランと目標を持つことです。会社の再雇用プログラムで働き、65歳で完全引退を考えるならそれでよし。でも70歳とか、75歳でも元気なうちは働きたいというのであれば、それなりに準備をしておく必要があります。後述しますが、転職なり自営業になるなりして、自分で働ける場を探すことが必要になってくるからです。

さらに言えば、再雇用になってもそれまでと同じ待遇で雇ってもらえることはまずありません。そもそも多くの場合、1年毎の契約社員となります。当然給料は大幅に下がります。2～3割くらい下がる程度ならいいほうで、半額や三分の一になる場合も珍しくありません。私の場合、週3日勤務としたために、もっと下がりました。したがって、経済的な理由で定年後も働き続けようとするのであれば、単に再雇用で5年間だけ会社に雇ってもらうのでは、決して十分とは言えないでしょう。

そこで65歳以降も働けるようにするためには、前述したように転職するなり、自営業になるなり、といったことが必要になります。具体的にどうすればそんなことができるのかはこの後お話ししたいと思いますが、いずれの方法にせよ、準備をしなければならないことは同じです。あなたが今、55歳くらいまでの年齢なら、今からそのための準備をして、定年時には再雇用ではなく、転職なり独立なりで仕事を変えるということを考えればいいでしょう。でも、もしあなたが現在定年直前ということであれば、急には無理ですから、再雇用で働きながら準備をすればいいのです。

私も定年と同時に一旦は再雇用で働き始めましたが、同時に自分で独立する準備も始めました。再雇用になれば原則、残業することはありませんし、休みも取りやすいのでそれまでに比べて自由な時間が増えました。現役時代のように自分の生活のほとんどを会社のために使うというような仕事の仕方ではなく、のんびりと働きながら次のステップへの準備をしたのです。もっとも私の場合は半年間しか会社に残らなかったため、準備も不十分なまま独立した結果、軌道に乗るまでは数年かかりました。でも、仮に再雇用で働く一方、転職や独立の準備をするのであれば、それほど苦労することもないと思います。

再雇用に応じて働くかどうかは自分次第ですから、良いとも悪いとも言うことはできません。しかしながら、65歳以降も働こうという意思があるなら、それなりの心構えと準備をすることは絶対に必要です。いつまでも会社で働けるわけではないのですから。

3 転職で最も大事なのは、仕事を探すルート

再雇用以外の働き方としては、「転職」か「独立自営（起業）」があります。まずは転職について考えてみましょう。私は定年後に転職した経験はないのですが、知人や友人には何人もいます。実際にそういう人に話を聞いたり、体験談を教えてもらったりして感じるのは、定年後の転職で大事なことには三つのポイントがあるということです。

多くの人は「60歳で転職なんてできるはずがない」と思っているでしょう。60歳どころか世間では35歳を過ぎたら、事実上ほとんど転職は無理だと考える人が多いと思います。実際に40代でリストラに遭い、「仕事を探したけれどなかなか見つからない」という話はよくあります。でも、これは定年時と少し事情が異なります。リスト

ラというのは突然やってきます。それまでに何の準備も心構えもないまま、会社を辞めなければならない事態になるということは大変なことです。当面は失業給付があるにしても、相当な心理的プレッシャーの中で職探しをしなければなりません。

これに対して、定年というのは最初からわかっていることです。もし定年後に他の仕事をしたいということであれば、準備するための時間は十分にあります。そんな準備を、何もすることなくぼんやりと定年を迎えてしまったのであれば、前項でお話ししたように再雇用で働きながら準備をしてもいいのです。定年後の転職で大事なポイント一つ目は、**「きちんと時間をかけて準備する」**ということです。

二つ目のポイント。実はこれが最も重要なことなのですが、**「仕事を探すルートを間違えない」**ということです。定年後に仕事を探すためにハローワークに行く人がいますが、正直に言ってこれはあまりお勧めしません。恐らくほとんどの場合、自分が望む仕事を得られる可能性はないでしょう。私は定年になって仕事を探したという人に何人もインタビューをしましたが、どなたも口を揃えて「ハローワークでは自分のやりたい仕事は得られなかった」と言います。でも、これは仕方ありません。ハローワークの仕事は求人と求職のマッチングを行うことです。その人の能力などはそもそもわからないのですから、考慮してくれるはずもありませんし、そんな余裕もありません。待遇についても、中には勘違いして高い給料を望むあまり、ハローワークの職員に呆れられるという人がいる話もよく聞きます。「とにかく何でもいいから働く機会さえあればいい」ということであればともかく、「自分がやりたい仕事をする」ということを重視したいのであれば、ハローワークに行くのは間違っています。

では、どうすればいいのでしょう。答えは「コネとツテを頼る」ということです。「え、そんなもの何もないよ！」と言う人は多いでしょう。だからこそ、事前に十分な準備をしないといけないのです。実は１９８０年代くらいまでは、定年後に違う会社に再就職するということは決して珍しくはありませんでした。なぜなら、当時の定年は55歳というところが多く、年金の支給開始年齢が60歳ですから、定年になった後に５年か10年くらいを第２の職場で働いて、それから年金生活に入るということが多かったからです。その際に転職するのはほとんどの場合、自分のコネやツテでした。

実際に定年後に転職や他の会社に再就職した人のお話を聞くと、元いた会社の取引先や同業他社に移るというケースが多いようです。そして、これらはほとんど相手から声が掛かってきたと言います。であれば、現役時代から会社の外にたくさんの人脈を作っておくことが重要です。更に言えば、あなたの仕事の能力を評価してくれる人を社外に作るということです。

でもこれは、要するに今の仕事を一生懸命やるということに他なりません。例えば、取引先から「敵ながらアッパレ！」と思わせる交渉能力を持っているから辞めた後に声がかかるわけですし、技術者でも経理マンでもそれなりの仕事をしているからこそ評価は得られるものです。60歳でもまだまだ十分に使える能力があると思われるからこそ、よそから「うちに来てほしい」と言われるのです。

これは別に特別な能力や凄い才能である必要はありません。会社にはそれぞれの事情があり、どんな会社でも弱点を強化したいというところはあります。例えば営業を強化したいとか、経理を立て直したい、総務の業務でコスト管理を徹底したいといった具合です。だとすれば、従前からの知り合いで気心の知れた人の中にそれらの業務経験を持っている人がいたら、来てほしいと思うのは当然でしょう。だからこそ、会社の外に人脈を作っておくことは大事なのです。

そして、三つ目のポイント。これは前述の話とも通じることですが、**「相手から誘いが来るようにしないといけない」**ということです。定年になってから必死になって就職活動をしてもなかなかうまくいきません。前述のように現役時代に頑張って自分の仕事ぶりを外部の人に評価してもらうことができれば、退職してのんびり構えていても向こうから誘いが来ることもある、ということなのです。結局、現役時代に自分が取り組む仕事の専門性を高めると同時に、外部に多くの知り合いを持つということが定年後に仕事を移るうえで大切なことと言えるでしょう。

4 「起業」をそれほど大げさに考えないこと

定年後の働き方として、「起業」というのも大きな選択肢の一つです。ただし、多くの人は起業というと大変なことで、とても自分にはできそうもない、と考えています。ところが、起業はそれほど大げさに考える必要はないのです。起業という言葉からイメージするのは、株式会社を立ち上げ、事務所を構え、人を雇い、事業を拡大し、将来的には上場まで考える、といった一連のストーリーを考えがちですが、実際に起業した私から言わせると、そのほとんどは必要のないものばかりです。

私は株式会社こそ作りましたが、事務所らしいものはありませんし、誰も人は雇わず、私と妻の二人だけで仕事をしています。したがって、仕事はこの二人だけでできる範囲にとどめ、事業を拡大しようなどとは毛頭考えていません。ましてや、上場など完全な夢物語です。

定年後の起業をわかりやすく言い換えると、自営業になるということです。独立して自分一人で仕事をするということなのです。例えば、どこかの会社で働くのでも構わないのです。その場合は、その会社に雇用されるのではなく、その会社と自分（あるいは自分の会社）との間で「業務委託契約」を結んで働くということもあります。先方の企業にとってみれば、雇用ではなく業務委託ですから不要となればいつでも解除できますし、社会保険料を負担する必要もありません。必要な時に必要な仕事だけやってもらえればいい、というフレキシブルな仕事の与え方ができます。

一方、委託される側にとっても、仕事の内容によっては複数の会社から業務委託を受けることだって可能ですし、嫌な仕事、やりたくない仕事なら断ればいい。雇用されていると、そのあたりがなかなか自由になりませんが、自分で独立して業務委託を受けるというやり方なら自分のやりたいことを第一にできるのです。つまり、前項でお話しした転職を雇用ではなく業務委託でやるということも一つの方法だということです。

ところが、そうは言っても「起業はしたものの、全く仕事が来なかったらどうするのだ！　それじゃあ食べていけないじゃないか」と考える人もいるでしょう。でも、定年後の起業というのは気が楽です。なぜなら、もし仕事が来なくても何とか食べていくことはできるからです。年金はご存知の通り65歳からの支給ですが、どうしても必要であれば65歳以前からもらい始めることもできることは第2章の4でお話しした通りです。

だとすれば、第1章に出てきた公的年金だけで生活している人の例にもあるように、十分食べていくことはできます。稼がなければ、どこからも収入がないという現役世代とは違うのです。実際、私も起業はしたものの最初の1～2年は何も仕事がありませんでしたが、それほど深刻にはなりませんでした。「このままずっと仕事がなければ、会社をたためばいいや」と思っていましたから、とても気楽でした。

具体的な仕事の内容は様々です。例えば、営業や経理といった現役時代に自分がやっていた仕事の知識や経験を生かして他の会社にその役務を提供するということが一番現実的でしょうが、趣味を生かして仕事にすることも可能です。自分が好きで没頭している趣味をブログで書き始め、ある程度の読者数がついたところで有料のメールマガジンを立ち上げるとか、その趣味をテーマにしたセミナーをやるといったことで活動している人もいます。

あるいは、自分では特に専門性がなくても、コミュニティを立ち上げてイベントを企画するという仕事をしている人もいます。この他にも様々な仕事の仕方はありますが、具体的にどうやって起業するかという方法については多岐にわたるので、ここでは述べません。ただ、私が以前書いた『定年男子の流儀』（ビジネス社）に詳しくありますので、ご関心のある方はどうぞお読みください。

また、会社に雇われて働いていると、収入によってはもらえるはずの厚生年金が一部または全部支給停止になることがあります（在職老齢年金制度）。ところが、自営業で働けばそういうことはありません。稼いだ額がいくら大きくなっても年金が支給停止にはならないのです。

ただ、定年後の起業というのはそれほど難しいものではない、とは言うものの注意しなければならないことはあります。特にお金の面で絶対やってはならないことが〝借金〟です。気楽である定年起業も借入れをしたとたん、非常にリスクの高いものになってしまいます。製造業を立ち上げるのならともかく、事務やサービスに関する仕事であれば、それほど設備投資が必要なわけではありません。借金をしないとできないような仕事なら、むしろやらない方がいいでしょう。あくまでも、自己資金の範囲内でやることを考えるべきだと思います。

後は、稼ぎを増やすことを第一に考えないことです。なぜなら、そう考えてしまうと、どうしても規模の拡大をしたくなります。人を雇い、事務所を開きといった具合にです。前述したように、借入れせざるを得なくなるかもしれません。あくまでも自分の身の丈にあった規模でやるべきでしょう。具体的な金額で言えば、月に何十万円も稼ぐ必要はありません。数万円程度で充分だと言ってもいいでしょう。

次の項では、その具体的な金額のメドについてお話ししていきたいと思います。

5 夫婦で月8万円稼げば大丈夫！

再雇用、転職、独立自営（起業）と定年後の働き方について色々考えてみましたが、もし定年時に蓄えがほとんどなかった場合は、働かざるを得ないと思うのは誰しも同じでしょう。問題は、「一体どれくらい稼げるのか？」あるいは「どれくらい稼ぐ必要があるのか」ということです。私はここで大胆な結論を出したいと思います。それは月8万円です。それだけ稼げば、老後はそれほど心配することはないということです。もちろん、働いて得る収入は多いに越したことはありませんが、体力も気力も衰えてきている定年後に、現役以上の稼ぎを求めるのは無理な話です。最低限、これだけ稼げばいいという金額を知っておき、もしできるのならそれに上乗せすればいいのです。その金額が月額8万円です。

ではどうして8万円で大丈夫なのか、その根拠について述べます。図⑨をご覧ください。これは総務省が発表している「家計調査報告（2017年版）」の中に出てくる高齢夫婦無職世帯（高齢夫婦とは夫65歳以上、妻60歳以上を言います）の平均的な収入と支出です。このデータによると収入の月平均額が20万9198円、ほぼ21万円です。これは無職世帯ですから、収入のほとんどは年金収入です。

対して、支出の月平均額は非消費支出（税や社会保険料）も合わせると26万3717円となっています。差引するとおよそ5万4000円の赤字です。つまり、何もしなければ毎月これだけの赤字になる可能性があるので、年間にすると65万円ほどになります。60歳から90歳までの30年間だとほぼ2000万円になります。ということは、もし全く働かなかった場合は退職金や自分の蓄えからこの足りない2000万円を賄うということになるわけです。

もちろんここまで読まれた方なら、そもそも支出を減らせば5万4000円の赤字だってもっと少なくなるのではないか、と感じられたでしょう。それはその通りですが、それについては少し後で触れるとして、ごく単純にこの不足分を埋めようという

図⑨

高齢夫婦無職世帯の家計収支（2017年）

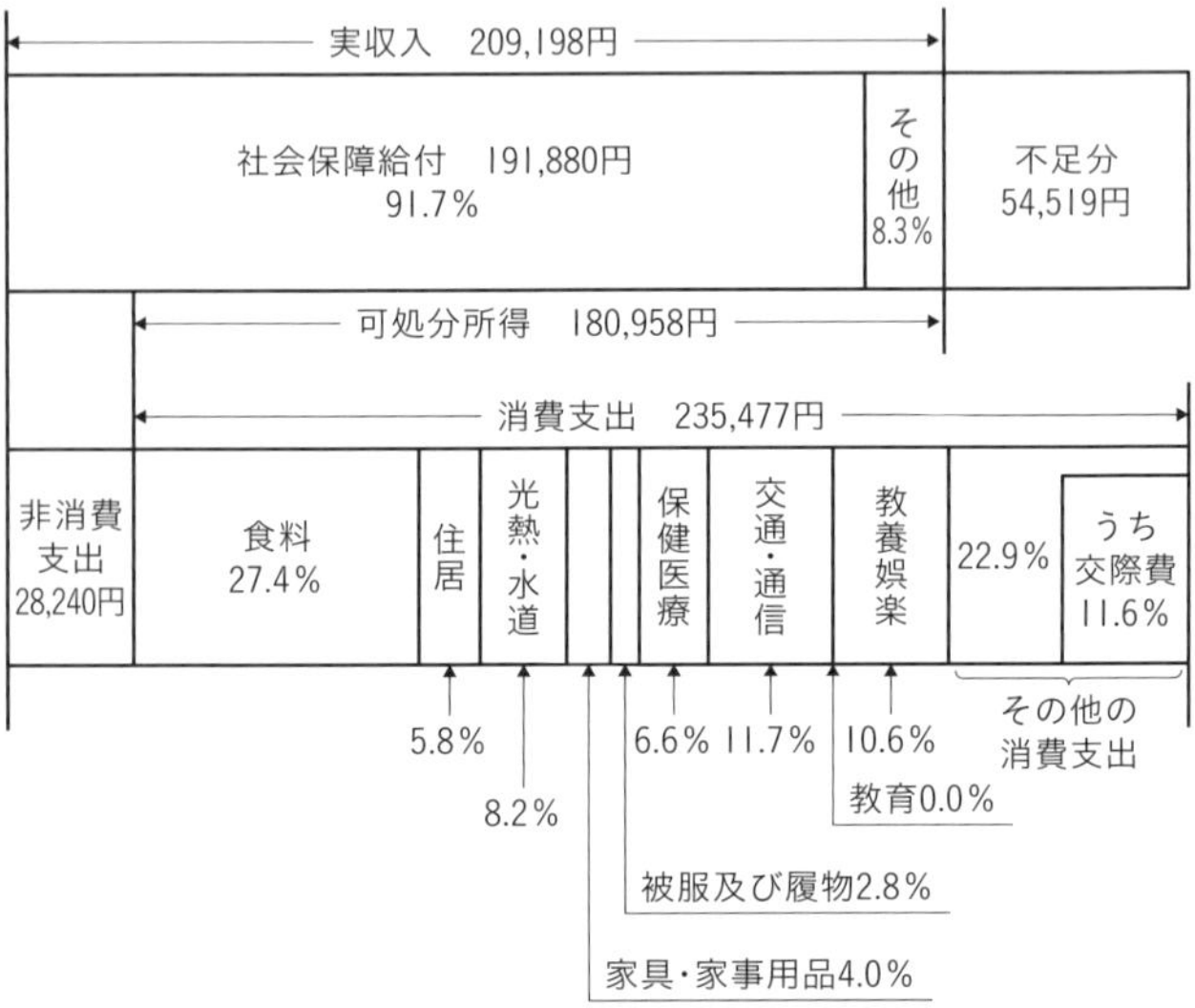

（注１）高齢夫婦無職世帯とは、夫65歳以上、妻60歳以上の夫婦のみの無職世帯である。
（注２）図中の「社会保障給付」及び「その他」の割合（％）は、実収入に占める割合である。
（注３）図中の「食料」から「その他の消費支出」までの割合（％）は、消費支出に占める割合である。

出典：総務省統計局ホームページ（http://www.stat.go.jp/data/kakei/sokuhou/nen/pdf/gy02.pdf）

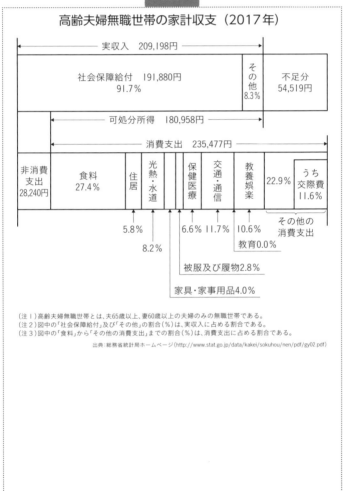

ことであれば毎月5万4000円、年間65万円を稼げればいいことになります。とはいえ、少しくらいは旅行に行ったり美味しいものを食べに行ったりすることを考えると、年間で20万～30万円くらいは余裕を見ておきたいところです。ということは、毎年85万～95万円くらいの収入を得ることができれば十分と言っていいでしょう。つまり、毎月に直すと約8万円ということになります。

しかも、これは夫婦二人で働けばいい数字です。つまり、一人4万円でいいのです。月に4万円なら働いて稼げない金額ではありませんし、それくらいの収入を得られる仕事はあるでしょう。もちろん最近は独身の人も多いですから、その場合はどうなるかということですが、先ほどの総務省の「家計調査報告」には無職の単身世帯という統計もあり、それによれば単身世帯の年金による実収入は約11・4万円で、支出の平均が約15・5万円ですから、こちらの場合でもほぼ4万円の不足です。したがって、単身の場合でも一人で4万円あればいいというのはあまり変わりません。つまり、定年後もこれだけの収入を得るために働くのであれば、貯金がゼロでも退職金がなくてもそれほど心配する必要はないのです。

ここで、当然一つの疑問が出てきます。収支の不足額の計算は90歳まで生きた場合です。いくら毎月8万円でいいと言っても、さすがに90歳まで働くのは無理でしょう。だったら、結局足らなくなるのではないかということです。そこで考えるべきなのが、支出の見直しということです。第3章の3で、見直しの方法についてお話ししましたが、最初に考えるべきなのが保険の見直しです。恐らく生命保険をやめるだけで月額3万円くらいは支出が減るでしょうし、他にもお話しした雑誌や各種会費の解約、携帯電話オプションの見直しなどで4万〜5万円くらいは見直せるでしょう。

現時点での不足額5万4000円のうち、仮に支出を4万円削減できれば不足額は1万4000円です。これで計算すると90歳までの生活費総額で足らないのは500万円ほどになります。だとすれば、毎月8万円ずつ稼ぐつもりで60歳から70歳まで10年間を働けば、そのトータルは960万円となりますから、十分お釣りが来るでしょう。

それに、もし現在多少たりとも蓄えがあったり、退職金を手にしたりすることができるとしても、私はやはり働いて収入を得ることを目指すべきだと思います。なぜなら、働くことによって毎月の家計で足らない分を補うことができれば、退職金には手をつけず残すことができます。将来、健康が悪化して介護の必要が出てきたり、有料老人ホームに入ったりする可能性を考えると、できるだけキャッシュは取り崩さずに置いておく方がいいことは明らかです。それに、無理をせずのんびりと働くことができれば、お金のことに限らず、健康や精神面でもいい影響が出てきます。

退職時に何千万円を持っていても、運用に失敗して失くしてしまえば元も子もありません。それに、資産運用はいくら勉強しても最終的にうまくいくかどうかは不確実なものです。不安定な運用に老後を委ねるよりも、安定して働けることに向けて準備をした方がいいのではないでしょうか。

そこで、次の第5章では、定年後の資産運用で失敗しないようにするためのいくつかの基本についてお話をしようと思います。

第5章

資産運用を考える

1 焦って投資をしてはいけない

定年後の資産運用、中でも投資については意見が大きく二つに分かれるようです。一つは「高齢になればリスクの高い運用をしてはいけないので、投資するなどもってのほか」という意見。もう一つは「年をとって自分が働けなくなるのだから、お金に働かせよう」といって投資を積極的に推奨する意見です。私は、このどちらも偏っていて間違った意見だと思います。

前者の意見については次の項で詳しく説明しますが、将来、インフレーション（インフレ）になるリスクを考えた場合、現金や普通預金のようなものだけで持っているのは逆にリスクになる可能性があります。資産の一部は、そういったインフレ対策も考えた手段で運用すべきです。後者は明らかに金融機関のセールストークです。第4章の1でもお話をしたように、生活の糧を得るために「投資」という不確実な手段に頼ることを中心にするのはやめた方がいいと思います。

気をつけるべきなのは、退職時にほとんど蓄えがなく、まとまった退職金をもらった時です。金融機関にとって、「退職者」というのは最もおいしいお客さんです。多くの退職者は投資の経験をそれまでに持っていません。でも、お金を増やしたいという気持ちは持っています。そこに〝退職金〟というまとまったお金が転がり込みます。知識はないけど欲とお金だけは持っている。これは商売の対象としては最高と言っていいでしょう。実際にテレビや雑誌を見ても、退職者をターゲットとしたＣＭがあの手この手で登場してきます。でも、投資というのは決して甘いものではありません。そういうものに惑わされないように注意すべきです。

最も気をつけるべきことは「負のスパイラル」に落ち込まないようにすることです。退職時にあまり蓄えを持っていないから、せめてもらった退職金を上手に増やしていこうと思いたくなる気持ちはわかりますが、投資には「絶対確実」という言葉はありません。大きな利益を得ようとすれば、それは大きな損失を被るだけの覚悟を持ってやらない限り無理なのです。そんな原理原則を理解しないまま、甘い言葉に乗せられて退職金というまとまった金額を投資するのは絶対に避けるべきです。投資を始めた途端、リーマン・ショックのような出来事に襲われたら、リカバリーするまでにはかなりの時間を要します。さらに多くの場合、そうやって損失が発生すると、何とか取り返そうとして売買を繰り返すあまり、もっと損失が広がってしまうことも起こり得ます。まさに「負のスパイラル」なのです。

大切なことは「一度に投資をしない」ということです。一発大儲けをしてやろうというのは投資経験のない人にありがちな発想ですが、それは投資というよりも投機であり、資産運用としてふさわしいとはとても言えません。後の項で詳しくお話ししますが、投資をするのであれば、少しずつ時間をかけてやるべきです。私自身、証券会社に40年近くいて、相場変動の経験を積んできましたが、今でも毎月、グローバルに分散投資ができる投資信託へ少額の積立投資をずっと続けています。

もちろん、株式で短期売買をするのが悪いことだと言うつもりはありません。実を言うと、私も少しですが株式投資をやっており、それはしばしば短期売買になることもあります。年をとっても常に好奇心を持ち、経済に関心を持ち続けるために株式投資をするのは悪いことではありません。ただ、その場合、あくまでも自分で取れるリスクの許容範囲内で行うべきでしょう。

では、もし株式投資をしたいということであれば、一体どれくらいの金額までならいいのでしょうか？　これについては様々な意見がありますが、私はこう考えています。それは「投資したお金が、いきなり三分の一くらい減ったとしても耐えられる金額に留めておくべきだ」ということです。ここで言う〝耐えられる〟というのは、経済的な意味と精神的な意味です。もし300万円投資して、すぐに100万円の損をしたとします。これは結構なショックです。

それでも、生活していくうえで大きな影響がないのであれば、その金額を投資してもいいでしょう。また、それだけ大きく損をしたことによる精神的なダメージが大き過ぎて、他のことが手に着かないような状況になるのであれば、その金額は過大なものだと言えます。損をするのは誰でも嫌ですが、その損が一体どれくらいまでなら耐えられるのかを考え、逆算してその3倍くらいまでの金額を投資するのであればいいのではないかと思っています。少なくとも、私はそのルールで投資をしています。

退職後の資産運用で最も大切なことは、「お金を増やそう」ということではなく「お金を守る」ことを第一に考えるべきでしょう。お金を増やそうと焦って投資をすればするほど、負のスパイラルに陥る可能性が高くなります。では、投資さえしなければお金を守ることができるのかというと、そうではありません。あなたの大切なお金を蝕《むしば》むものは投資による価格変動だけではなく、インフレという恐ろしい敵もいるのです。次項では、このインフレに対してどのように対処すべきかについてお話ししていきましょう。

2 大切なのは、「お金」ではなく「購買力」

一般的に誤解されているのですが、高齢者に必要なのは「お金」ではありません。お金をいくら持っていても、そのお金でモノを買える力すなわち「購買力」が失われてしまっていては何にもならないのです。お金というものは単なる記号であり、約束事に過ぎません。1万円には1万円分のモノやサービスを手に入れる力があるから1万円としての価値が存在するのです。それが購買力というものです。ベネズエラのボリバルという通貨は、最近ハイパーインフレになったことで購買力が大きく損なわれています。何せ鶏一羽買うのにバケツ一杯くらいの札束を持っていかないと買えないのです。そんなことになってしまったら、どれだけたくさんのお金を持っても意味はありません。信用を失ってしまい、購買力のなくなった通貨は単なる紙切れです。

ハイパーインフレは極端な例をお話ししているのですが、なぜそんなことを言うかと言えば、高齢者にとって将来もずっと現在の購買力を維持することが何よりも大切だからです。その点、年金は安心できます。なぜなら年金というのはその時代の現役世代に支払われる給料から一定割合が保険料として国に納められ、そこから高齢者に年金が支払われる仕組みだからです。したがって、物価が上がれば当然賃金も上がりますから、物価や賃金にある程度連動する年金は、将来の購買力を維持することができるのです。もっとも、最近は「マクロ経済スライド」の導入によって完全に物価にスライドするわけではありませんが、それでもかなりの部分はこれでカバーできます。

ところが将来インフレになると、定年退職者が現在持っているお金、自分で蓄えた分や退職金等は、何もしなければ価値は下がっていきます。したがって、ある程度はインフレに対応できるような運用をしておかなければならないということになります。現在50歳未満の人は、社会人になって以降インフレになった経験をほとんど持っていません。この20年以上、日本は深刻なデフレーション（デフレ）の時代だったからです。でも、このデフレが将来もずっと続くかどうかは全くわかりません。これまでになかったから今後もあり得ない、ということにはならないのです。特に退職した人にとっては、今後どういう経済状況になっても自分が持つお金の「購買力」を維持することを忘れてはなりません。

では、具体的にどうすれば購買力を維持することができるのでしょうか？　方法は大きく分けて二つあると思います。一つはグローバルに分散投資を行うこと。そして、もう一つは個人向け国債を購入することです。最初の方法については積立投資が最も有効な方法だと思いますので説明は次項に譲ります。それに人によっては価格変動を伴う投資をするのはどうしても嫌だという人がいるでしょう。そういう人は別に投資をしなければならないということはありません。その場合は二つ目の方法の個人向け国債を持てばいいでしょう。

もちろん国債を購入することも投資の一つではありますが、同じ国債でも「個人向け国債　変動10年」というのは、極めてリスクの小さいものです。満期は10年で、通常は満期まで変わらない金利が、この国債の場合は変動します。ということは、つまり金利が上昇すれば同じように受け取る金利が上がっていくことになります。物価が上昇する時は、多少の時間差はあっても金利も上昇しますから、これを持っていればある程度物価の上昇にも対応することは可能でしょう。それに1年以上持っていれば解約することもできます。その場合、直近2回分の金利に0・79685を掛けた「中途換金調整額」が差し引かれますが、その分の金利は受け取っていますから、元本を割ることはありませんし、金利は変動しますが最低金利保証は0・05％なので安心です。

通常の国債は中途で換金すると元本を割ることもありますが、個人向け国債変動10年はその点も安心です。しかしながら、それでも投資になじみがないので不安だというのであれば、当面は定期預金等で持っていてもいいでしょう。ただし、その場合に注意しなければならないのは「満期の長いものには預けてはいけない」ということです。できるだけ短い満期の定期預金を持っていれば、満期時に金利が上昇していても短期間で新しい金利になりますのである程度安心だからです。

もちろん期間の長い定期預金を解約しても損をすることはありませんが、今のような低金利の時期に絶対やってはいけないのは、固定金利の債券や生保の個人年金保険のような長期のものを購入することです。それらは中途解約すると元本を割り込む可能性が高いからです。特に定年退職者の場合、元本を割ることは避けたいですから、そこから何十年もお金が固定されてしまうというのはデメリットが大きいと思います。

ちなみに私の場合は、グローバルに分散して積み立てる投資信託を毎月少額で購入することで将来の物価上昇に備え、購買力の維持を図っています。これが最初に言った一つ目の方法ですが、これについては次の項で、なぜ「グローバルに分散する投資」が有利なのか、そしてその具体的なやり方についてもお話をしたいと思います。

3 年をとっても「積立投資」が有効な理由

投資方法の一つとして「積立投資」が徐々に広まってきています。2018年から「つみたてNISA」も始まり、金融庁自らが音頭を取って、各地で「つみたてNISA Meetup」(愛称「つみップ」)という名前の積立投資を広める集まりも開催されています。私の妻もそうしたイベントでは時折、コメンテーターとして顔を出すこともあります。こういう取り組みはとてもいいことだと思いますし、投資本来の意味を正しく理解してもらえるような活動は、今後もどんどん広がっていってほしいと願っています。

ただ、こうした積立投資は、ややもすれば若い世代だけに向いた方法と思われがちです。なぜなら、積立投資というのは短期的に成果を出すことよりも、むしろ長期的に続けていくことによって安定した成果を出せると考えられているため、必然的に年齢の若い人に向いていると思われるからです。それはその通りなのですが、必ずしも私は若者だけに向いた方法だとは考えていません。定年退職した後の高年齢層でも、この方法は有効だと考えています。なぜそう考えるのか、理由をお話ししましょう。

そもそも多くの人が勘違いをしているのが、「投資というのは一番儲かるものを当てることだ」と思っているということです。でも、そんなことは誰にもわかりません。それがわかるくらいなら、資産運用のプロと言われる人たちはみんな大金持ちになっているはずです。短期的な株価の動きは誰も的確に予想するのは困難です。ところが、世界の経済全体で考えると、１００年前、50年前、そして10年前と比べて経済の規模は確実に大きくなってきています。ということは、株式市場全体も拡大しているのです。技術の進歩や人口の増加といったことにより、経済は発展しているからです。今後もリーマン・ショックのような紆余曲折はあったとしても、世界経済全体としては一定の規模で発展を続けていくことでしょう。

ただ、地域によっては衰退しているところもあれば、平均以上に大きく成長しているところもあり、バラつきが存在します。問題は、今後どこの地域が平均以上に成長するかがわからないことです。したがって、どこがいいかわからないのであれば、全部買えばいいのです。全部買うということはすなわち、世界中の国を対象とし、その市場規模や経済規模の割合に合わせて分散して投資をするのです。

個人のお金ではとてもそんなことは無理ですが、投資信託という仕組みを使えば十分可能なことです。最近では世界中の株式に1本で分散投資することのできる投資信託がいくつもあります。これなら、たとえ月々ごく少額の金額からでも世界中の株式に分散投資することができます。従来は毎月1万円くらいからだったのが、最近では1000円とか100円からでも投資できるようになっていますから、ごく少額から始めて徐々に増やしていくこともできます。

ここで、ちょっと図⑩をご覧ください。この表は平成時代の30年間、積立投資を続けていたらどうなったかということを検証したものです。よく平成の時代は〝失われた30年〟と言われ、日本の株式市場は長期にわたって振るわなかったと言われます。ところが、仮に30年前から毎月1万円ずつ日経平均に投資を続けていたらどうなったでしょう。日経平均自体は平成が始まった当時3万円くらいでしたから、現在でもまだその水準には戻っていません。ところが、積立投資を長期に続けたことの効果によって投資した金額の1・6倍になっています。これが全世界の株式へ分散投資をしていれば、3・54倍になっているのです。

もちろん、中にはもっと上がっている株式もたくさんありますし、アメリカや中国に集中して投資をしていれば、この何倍も儲かったかもしれませんが、それは事前には誰もわからないことです。このように内、外の株式に分散しながら積立投資を長期に続けていくことで、一定の成果が得られるということがわかると思います。

いずれにしても、10〜30年単位で投資を続けることで物価の上昇にも十分対応し得るということを考えると、定年後の資産運用方法として長期の積立分散投資は決して悪くないと思います。60歳から積立てを始めて10年間続け、70歳から引き出していくことだって可能です。もちろん、安い時期を見計らって、そこでまとめて投資をすれば、一番効果的であることは言うまでもありませんが、いつがその安い時かというのは振り返ってみないとわかりません。特にこれまで投資をやったことがない人であれ

図⑩

平成の30年間、積立投資をした場合

期間	積立総額	全世界株式	倍率	日経平均	倍率
1988/12〜	357万円	1,265.5万円	3.54倍	589.4万円	1.65倍
1992/12〜	309万円	945.4万円	3.06倍	543.2万円	1.76倍
1997/12〜	249万円	605.0万円	2.43倍	589.4万円	1.88倍
2002/12〜	189万円	427.2万円	2.26倍	361.0万円	1.91倍
2007/12〜	129万円	266.9万円	2.07倍	244.3万円	1.89倍
2012/12〜	69万円	97.9万円	1.42倍	97.4万円	1.41倍

＊毎月末に1万円ずつ積立投資した場合の、各資産の最終金額を示しています。取引に係る手数料・税金は考慮しておりません。
＊データ出所
- 全世界株式：米国のMSCI Inc.が算出・公表する世界の株式を対象とする株価指数であるMSCI ACWI（ACWIは「All Country World Index」の略）
- 日経平均：日経平均株価（配当なし）

出典：イボットソン・アソシエイツ・ジャパン株式会社の計算によるデータより株式会社オフィス・リベルタが作成

ば、より一層そのタイミングを見極めることは難しいと言っていいでしょう。であるなら、毎月一定額をコツコツと積立てで投資をするというのは悪くない方法です。私自身も定年後、現在に至るまで毎月少額で積立投資を行っていますし、今後も続けて行くつもりです。積立投資は決して若い人の専売特許ではないことを知っておいてください。

4 「高齢者向け」「初心者向け」商品に騙されるな

前項で、投資を始めるのであれば、少しずつ少額で「積立投資」を始めるのがいい方法だと言いました。ところが、多くの人は「投資を始めてみたいけど、何となく怖い」「損はしたくない」と思っています。そこで、そういう人たちに向けた商品としてリスクの少ない「高齢者向け」とか「初心者向け」と称する投資信託を作って販売されていることがあります。

でも、よく考えてみれば「初心者向け商品」などというものがあるのでしょうか？「初心者向け自動車」とか「初心者向けサッカーボール」などというものがないのと同じように、投資も初心者向け商品などというものは本来ありません。投資の世界はプロもアマも一緒に同じ市場で取引しています。初心者向けの市場などあるはずがないのです。あるのは、初心者として注意しておくべきことだけです。ところが、「高齢者向け」とか「初心者向け」と銘打った商品は意外に多いのです。

よくあるそういうタイプの商品の一つに、「リスク限定型投信」と呼ばれるものがあります。定年になった人が退職金を持って銀行等の店頭を訪れると、こういうタイプの商品を勧められることもあります。リスク限定型投信には様々なタイプがありますが、その多くは株価が大きく値下がりしても損失が限定されるというものです。これらは「投資をしてみたいけど、損をするのは怖い」という人をターゲットとして売り出されています。しかしながら、「儲けたいけど損はしたくない」といったそんなうまい話は世の中にありません。儲けたければ損を覚悟しておかないといけないし、損をするのが嫌なら儲けを諦めなければならないのです。

リスクを限定する仕組みは様々ですが、結果としては「リターンを諦めることでリスクを限定する」というのが基本的な構造ですから、特段有利でも安心というわけでもありません。むしろ、仕組みを複雑にしたり運用の管理に手間をかけたりするため、投資信託のコストすなわち「信託報酬」と言われる手数料が高めになっているのが特徴です。具体的な例を挙げて考えてみましょう。

例えば、あるリスク限定型と言われている投信の中身を見てみると、株式の組入比率は国内外合わせて10％強です。後は債券や短期金融商品で運用されています。そして、運用コストである信託報酬は0・8％程度となっています。中には1％を超える投信も多いですから、それを考えると比較的良心的な手数料と言えるでしょう。ところが、これと同じことをやろうと思えば、全くの投資初心者でも簡単に実行が可能なのです。

ごく単純に言えば、こういうことになります。「リスク限定型投資信託」に100万円投資するのであれば、同じ100万円を定期預金に90万円預け、株式100％の投資信託を10万円だけ購入すればいいのです。そうすればほぼ同じくらいの成果を出せるはずです。しかもコストの面で言えば、リスク限定型投信を100万円購入した場合の手数料は、0・8％であれば毎年8000円かかります。これは儲かっても損をしてもかかる費用です。一方、10万円だけ日本株のインデックス投信（例えば「日経平均」等に連動するタイプのもの）を購入し、残りを定期預金か普通預金にでもして置いておけばどうなるでしょう。インデックス型投信の手数料はかなり下がってきており、0・2％程度のものも珍しくありませんから、10万円だけなら毎年の手数料は200円で済みます。つまり、同じような運用成果だとしても「リスク限定型投信」を買うことで、負担する手数料は40倍にもなるというわけです。わかりやすく図解していますので、**図**⑪をご覧ください。

要はいずれの場合でも自分の資産のうち、10％だけをリスク資産に投資するという点では同じことです。リスクを限定するということはそれだけリターンを諦めるということですから、どちらにしても同じ考え方の運用です。そうであれば、何も高い手数料のものをわざわざ買う必要はありません。手数料の安いインデックス型投信を自分で買えばいいのです。

ただ、こういうからくりは、ある程度、資産運用のことを勉強した人でないとなか

図⑪

100万円投資した場合の手数料負担額

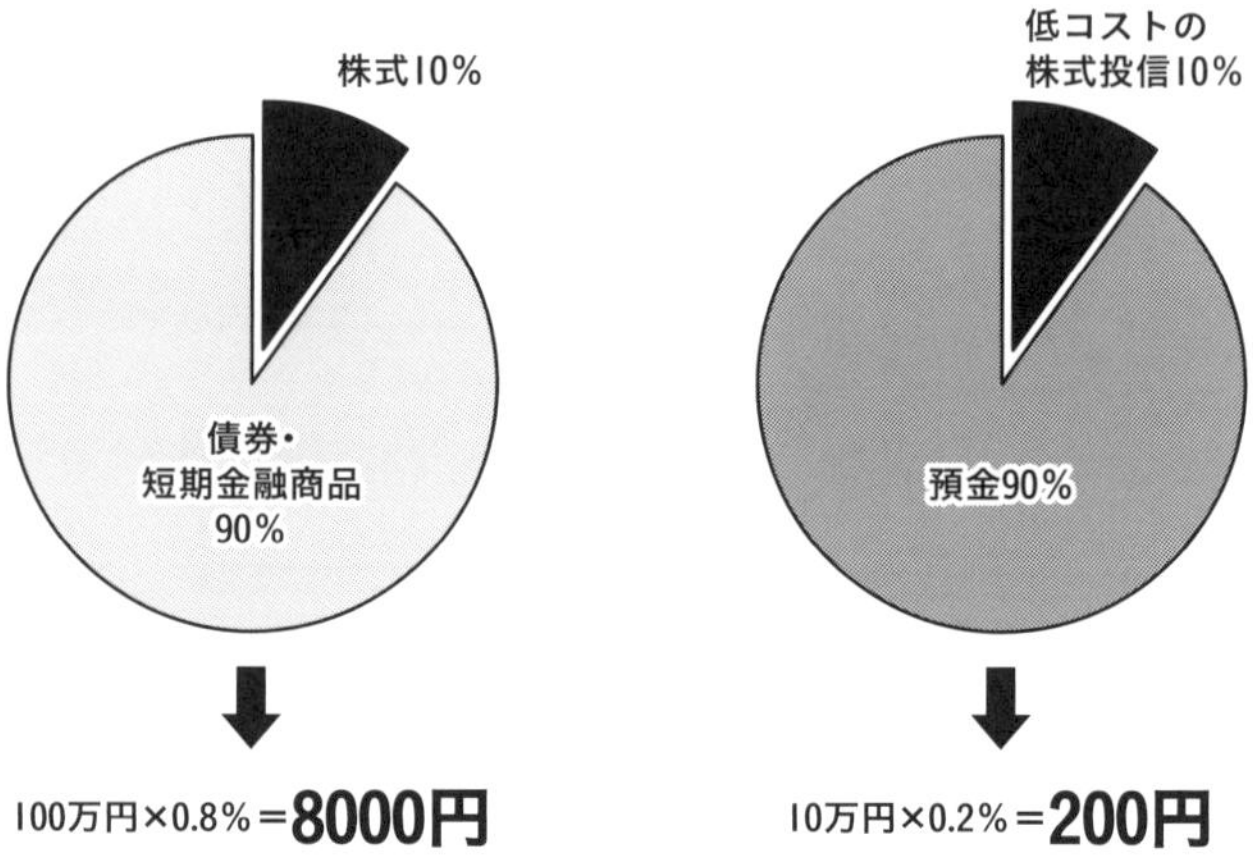

なか気づかないものです。特に投資信託の運用に関する手数料ともいうべき「信託報酬」は投資信託を購入する人が別途支払うものではなく、自分が投資した財産の中から知らないうちに自動的に引かれていくものですから、あまり気づきません。

でも、そういった投資に対する知識はなくても誰でも「常識」は持っています。「世の中にうまい話はない」という常識です。手軽に投資できてリスクも少なく、一定の利益が得られるという、そんなうまい話はありませんし、結局自分でやらずに人に任せる分だけ手数料は高く払わなければならないというのが世の中の常識です。そういう常識に従って判断すればいいのです。

「高齢者向け」とか「初心者向け」と銘打った商品があれば、それはそういう人たちをカモにするための商品と考えた方がいいでしょう。「高齢者向け」という言葉に惹かれて結局、高い手数料負担を負うことのないよう、注意することが大切です。

5 シニア投資、三つの大原則

ここまで、定年になった後に資産運用する場合の留意点やそのやり方についてお話をしてきました。重要なことはたった二つです。一つは「自分の持っているお金の購買力を維持すること」。そしてもう一つは「無理をせずに自分のやり方で資産運用をすること」です。お金に関して大事なことは「働くこと」であり、資産運用は二の次でいいと思います。自分で取れるリスクの分だけ投資すればいい、ということでしょう。

本章の最後に、投資をするにあたっての「三つの大原則」についてお話をしたいと思います。同時に、買ってはいけない金融商品についてもお話をしましょう。

（1）一度に投資しない

これは、本章の最初にお話をしたことですが、とても重要なことなのでもう一度繰り返しておきたいと思います。特にもらった退職金を一度に全部注ぎ込んで投資をする、いわゆる「退職金投資デビュー」は危険なことですので絶対にやめるべきです。投資というものは水泳と同じだと考えてください。いくら水泳の本をたくさん読んでも、水に入らない限り泳げないですよね。投資も同じで、投資の本を何十冊読んでも自分が実際にお金を投じて体験しない限り、絶対にうまくいくことはありません。

したがって、何よりも大事なことは「体験すること」なのです。水泳も最初のうちは背の届く浅いプールで練習をしますし、海に入るにしても浮き輪やライフジャケットを付けて飛び込みます。それをせずに、いきなり沖合に出て海に飛び込んでしまったら、一時は波に乗って浮くかもしれませんが、基本がわかっていませんから、そのうちに溺《おぼ》れてしまう可能性が高いでしょう。

投資も同様です。もちろん投資を始める前に最低限の勉強はしておくべきですが、実際に体験をしないとなかなかわかりません。基本的な知識を学びつつ、実際に体験してみると、理屈通りにはいかないということがよくわかります。だから、失敗をすることもあるのです。大切なのは小さな失敗を重ねて大きな失敗をしなくなる体験をすることです。少額で少しずつ始めることをお勧めします。証券会社で40年近く運用の世界にいた私でさえ、毎月少額で積立投資をやっているのですから。

(2) わからないものに投資しない

これも非常に大切なことです。最近は非常に仕組みが複雑になり、わかりにくい金融商品が増えていますが、はっきり言って複雑な金融商品にはろくなものがありません。それは一体どうしてなのか？　これは家電製品を考えてみればわかります。ひと頃、家電は多機能製品がブームでした。でも機能が多いということは、価格が高くなりがちです。しかも複雑なので扱いづらく、構造が複雑なため故障しやすいということがあります。それに、それらについている機能はほとんど余計なものが多いのです。

金融商品も同様です。複雑な金融商品ほど手数料が高く、仕組みがわかりにくいのでリスクがどこにあるかが見えにくくなっています。このため思わぬ損失に見舞われがちです。最近の家電製品については、再びシンプルで低価格の商品に移りつつありますが、金融商品は相変わらず複雑で手数料の高い商品がたくさん出ています。

「通貨選択型投信」や「外貨建て個人年金保険」といったものは、買ってはいけない商品だと私は思います。若い人なら勉強のために少しくらいは買ってもいいかもしれませんが、定年になった人はこういうわからないものには投資をしないのが賢明です。世界最高の投資家と言われているアメリカのウォーレン・バフェットは、自分がわからないものには絶対に投資しないという信念を持っています。したがって、彼が投資するのはコカ・コーラ、P&Gといった銘柄で、IT産業には長い間、投資をしてきませんでした。

（3）うまい話には乗らない

「世の中にうまい話はない」というのは永遠の真実です。そして、これは多くの人が知っていることです。ところが、いくら知っていてもついうまい話に乗ってしまって騙されたり、金融詐欺に遭ったりするという話は至る所にあります。では、うまい話に乗ってしまわないようにするにはどうすればいいのでしょう。私は二つのことを心がけるべきだと思います。それは、相手がなぜそんな話を持ってくるのかを考えること。そしてもう一つは、欲を出し過ぎないことです。そもそも、そんなにいい話があるのならそれを人に勧めるのは不自然です。自分だけが知っている特別な儲かる情報（多分インサイダー情報でしょう）があるのなら、誰にも言わずにこっそり買うはずですし、それほどいい商品なら熱心に売り込まなくても自然に売れていくでしょう。
また、私は怪しげな投資話に乗せられて損をするお年寄りについては気の毒だとは思いません。投資詐欺による損というのは、オレオレ詐欺のように息子が事故に遭ったとか、トラブルに巻き込まれたというウソについ騙されてしまうというのとはちょっと違います。それは欲を出し過ぎたからであって、自業自得と言っていいでしょう。前述の話とも関係しますが、世の中にうまい話はないのですから、欲をかかないことが大切なことです。

投資をするうえで注意すべきことは、これら以外にもたくさんありますが、恐らくその多くは実際に経験してみないとわからないことが多いと思います。少なくとも、ある程度の年齢になって「投資をしてみよう」ということであれば、ここで述べた三つのことだけは最低限しっかりと心に留めておくべきです。

第6章

人生100年時代、本当に大切なことは

1　価値観を変えることの大切さ

お金持ちになることが人生の目的ではない

私の尊敬する先輩で「投資教育家」の岡本和久《おかもとかずひさ》さんは、「人生の目的はお金持ちになることではなく〝幸せ持ち〟になることだ」と言います。私も全く同感です。そういうことを言うと「それはきれいごとだ。やっぱりお金が大事だ」と言う人も多いでしょう。お金が大事なのはその通りです。でも、それは何のために大事なのかと言えば、幸せになるための手段の一つとして必要な場合があるからに過ぎません。お金はあるに越したことはないのですが、それさえあれば全てが幸せかというと決してそうではありません。

ただ、サラリーマンにしても自営業にしても長年にわたってビジネスをやってきた人にとって、お金というのは成果を最も端的に数値化できるものですから、これ以上ない便利な評価軸です。サラリーマンで言えば、給料の多寡がその人の評価ということになりますし、自営業なら儲けの額が自分たちの存在意義になると言ってもいいでしょう。すなわち、現役時代は基本的には金銭に換算するということによって多くが評価されるという価値観がずっと続いてきたのです。

でも、もし定年後もお金をベースにする価値観が続くのであれば、60歳以降、収入が大きく減少する時期には自分の価値はずっと低いものになってしまいます。稼げない年寄りは隅でおとなしくしていろ、ということになってしまいかねません。私は現役時代と定年後世代の価値観は異なってしかるべきだと思っています。前述のように「人生の目的がお金持ちになることではなく、幸せ持ちになること」だとすれば、定年後の価値観はまさに「いかに幸せ持ちになるか」ということだと言ってもいいでしょう。

「林住期」はゴールデンエイジ

作家の五木寛之《いつきひろゆき》さんの著書に『林住期《りんじゅうき》』（幻冬舎）というのがあります。古代インドの人生哲学で、人生を四つの期に分ける。生まれてから24歳までが「学生期《がくしょうき》」で、文字通り、学びの時期です。次の25年、25歳から49歳までを「家住期《かじゅうき》」と言って、家族を持ち仕事に励む時期。そして50歳から74歳までが本のタイトルにもある「林住期」です。この時期は仕事を離れ、自分の来し方行く末をゆっくりと思索する時期。林住期とは家を離れ林の中に庵《いおり》を構えるというイメージから来る言葉なのでしょうか。そして75歳からが「遊行期《ゆぎょうき》」といって、庵を出て思うままに活動し、人生の知恵を人々に授ける時期だとされています。

これらの考え方はある程度うなずけるものの、古代インドと現代ではかなり時代の様相は異なります。そこで私は少し違った解釈を持っています。私は人生を「学ぶ時代」「働く時代」そして「遊ぶ時代」と分けています。と同時に、それらがきちんと区別できるものではなく、どの時代でも「学ぶ」「働く」「遊ぶ」がオーバーラップしていいし、それぞれの年代においてやり方や比重のかけ方が異なるという風に考えるのがいいのではないかと思っています。

そういう観点で言えば、「学生期」は学ぶことが中心の時代、「遊行期」は遊ぶことが中心の時代であることは間違いないでしょう。では、「家住期」と「林住期」はどちらも働くことが中心の時代なのでしょうか？　私はそうだと思っています。ただし、その働き方が二つの時代では根本的に異なると考えています。

ごくシンプルに言えば「家住期」は「〝誰かのために〟働く時代」、そして「林住期」は「〝自分のために〟働く時代」なのです。誰かというのは会社であったり、家族であったりということです。これは当然です。会社員として組織に所属するということは、会社の利益を最大化するよう貢献するのが当然であり、個人の意思ややりたいことよりも組織の方向が優先されるのは当たり前です。

でなければ、組織は成り立ちません。同時に自分一人であれ、共働きであれ、家族がいるのであれば、家族を守るために働くのも当然のことです。つまり、家住期では自分の幸せよりも家族の幸せや会社の利益のために働くという働き方だったのです。

ところが、林住期は異なります。今度は自分のために働くことを最優先すべきです。今までやりたくてもできなかったことにチャレンジする時期が、ようやくやってきたと言っていいのです。83歳で世界最高齢の女性プログラマー、若宮正子《わかみやまさこ》さんは定年を迎えた60歳で「私は自由を手に入れた」とおっしゃっています。そう、まさに自分のやりたいことができる自由な時代に入ったと考えるべきなのです。だからこそ、50歳からの「林住期」はまさにゴールデンエイジと言ってもいいのです。

「ねばならない」からの解放

今までの価値観であれば、60歳まで働いて後はリタイアするということでしたから、先ほどの分け方で言えば、60歳からは遊行期ということになってしまいます。でも人生100年と言われる時代においては、100歳はともかく、少なくとも90歳近くまでは生きる可能性が高くなってきました。だとすれば、60歳で遊行期に入ってしまうのはいくら何でも早過ぎます。50歳からこそが黄金時代なのですから、いかにその時代を働きながら楽しむかということを考えるべきです。

現役時代（家住期）の仕事や生活について、その特徴をひと言で言えば、「ねばならない」に支配されていたということだと思います。別な言い方をすれば、何事においても「責任」がついて回った時代です。仕事で言えば、一部の歩合給のケースや残業代がもらえる場合を除けば、サラリーマンは仕事の量で給料が左右されることはありません。極めて安定した収入ですが、その代わり会社からの命令や業務指示には従わなければなりません。これは目標数字が与えられる営業マンだけではなく、総務部門でも研究開発部門でも同様です。何らかの方向性が打ち出されたら、それに従わねばならないのです。

一方、家庭においても最優先すべきは「自分のやりたいこと」ではなく「家族全体の意思の尊重」です。家族といえども小さな組織であり、自分もその組織の一員なのですから、何をするにしても家族全体の合意を伴わないでいると、いずれ家族関係は破綻してしまう可能性が出てきます。これは、夫だからとか妻だからとかではなく、等しく家族の一員として守らねばならないことなのです。

このように、仕事においても家庭においても「ねばならない」ことだらけだったのが現役時代です。でも、60歳になったら（可能であれば50歳からでも）こうした数々の「ねばならない」からは解放されるべきだと私は考えます。会社で言えば、50代になると「役職定年」というのが出てきます。それまで管理職だった立場を離れ一兵卒に戻るということですが、私はこれをネガティブに捉えるべきではないと思います。役職定年になるということは、それだけ責任は軽くなるということです。

つまり、「ねばならない」ことが減るということなのです。いわば、会社は退職後に向けて価値観を変えるための機会を与えてくれたのだ、と考えるべきではないでしょうか。家族も同様です。60歳の時点で多くの人にとって子供たちは一人前に育ち、場合によっては独立して所帯を持っているかもしれません。元の夫婦二人の生活に戻ります。ここからはお互いに夫、妻、あるいは父親、母親としての責任を離れて、互いを尊重しながら自由に生きることを考えるべきだと思います。それこそが新しい価値観だと言えるでしょう。

2 60歳からの働き方改革

働くことは「苦行」なのか？

最近は「働き方改革」が叫ばれています。私が見るところ、多くの職場で行われているのは「働き方改革」と称する単なる〝時短運動〟のように思いますが、本来の考え方や趣旨について議論するのは別の機会にするとして、ここでは「60歳で定年を迎えた後の働き方改革」について考えてみたいと思います。

私は多くの企業や団体で50代の社員の方向けに定年後の生活や仕事に対する考え方、いわゆるセカンドライフセミナーの講師を務めることがあります。そんな時、実際にそういう年齢層の方々が話し合ったりしているのを聞かせてもらうことも多いのですが、どうも多くの人は「本当は働きたくないけど、生活していけないから仕方なく働かざるを得ない」と思っているようです。この気持ちはわかります。なぜなら、多くのサラリーマンにとって、働くということは「苦行」だからです。

これは、ある意味当然です。サラリーマンというのは組織に所属しており、個人の意思よりも組織の意思が優先されるからです。そうでないと組織というものは成立しません。各自が自分のやりたい仕事をそれぞれバラバラにやっていたのでは機能しないのは当然でしょう。もちろんリーダーは組織の進むべき道を明確に示し、組織のミッションをいかに構成メンバーの隅々まで徹底するかということが重要であることは言うまでもありません。だからと言って、誰もがそれに心から納得しているわけではありません。多くの場合、心の中に葛藤《かっとう》を抱えながら、仕方なく従うか、自分にそう思い込ませることで心の折り合いをつけているのが本当のところでしょう。

サラリーマンを40年近くやってきた私がつくづく思うのは、「サラリーマンというのは自由を会社に売り渡す代わりに身分の安定を買う商売」だということです。したがって、苦行であるのは当たり前でしょう。では、60歳以降も苦行は続くのでしょうか？　だとすれば、これは辛いことです。前述の「嫌だけど仕方なく働かざるを得ない」というのは、その通りです。しかしながら、私は働き方によっては必ずしも苦行にはならないのではないかという気持ちを持っています。

実際に私は60歳で定年になった後、半年ほど会社に残りましたが、その後独立して自分の好きな仕事を始めました。現役時代は土日が来るのが待ち遠しく、日曜日の夜にNHKの大河ドラマを見終わると何とも憂鬱《ゆううつ》な気持ちになったものですが、自分で仕事を始めた現在ではそんなことは全くありません。仕事が楽しくてしょうがないのです。昨年1年間で私が完全に仕事を休んだ日はたった5日間しかありません。現役時代には信じられないことですが、それでも辛いとかしんどいということは全くありません。なぜなら、仕事が苦行ではなく楽しみだからです。

オフィスワーカーからオフィスプレーヤーへ

では、一体どうしてそんなことになったのか？　どうすれば60歳以降の仕事を苦行から楽しみにすることができるのかということです。

ここに一冊の本があります。１９８９年に出版された本なので、とっくの昔に絶版になっていますが、題名は『オフィスプレーヤーへの道』（文藝春秋）といって電通のプロデューサーだった藤岡和賀夫《ふじおかわかお》さんが書いた本です。50歳以上の人ならおわかりでしょうが、ＪＲがまだ国鉄と言われていた頃、ディスカバー・ジャパンというＣＭによる旅行誘致キャンペーンがありました。山口百恵さんの『いい日旅立ち』がキャンペーンソングに使われていたので思い出す人もいるでしょう。藤岡さんはこのキャンペーンを手掛けた敏腕プロデューサーでした。この本は私が37歳の時に出会った本であり、私のサラリーマン生活を通じて感銘を受けた本ベスト３に入る一冊です。

オフィスプレーヤーとは一体どういうことなのでしょうか？　普通はオフィスワーカーと言います。ワークは働くという意味ですが、プレーは遊ぶという意味ですから、オフィスプレーヤーってオフィスで遊んでいる人なのか？　と考えがちですが、全くそうではありません。例えば、プロスポーツ選手のことをワーカーと言うでしょうか？　彼らは間違いなくプレーヤーです。テニスやゴルフを仕事にしていてもゴルフワーカーとは決して言いません。なぜなら、彼らはゴルフをプレーしているからです。

ただし、同じゴルフをプレーするのでも我々とプロのプレーヤーは全く異なります。我々は文字通り遊びですが、彼らは生活がかかっているからです。我々がたまの休みに練習場へ行って100発も打てばほどほどに切り上げてビールを飲むのとは違い、彼らは1日に何千発も打ちます。手の皮が剥けて血が出てきてもなお練習を続けます。そこまでしてなぜやるのか？　言うまでもなくそれが彼らの職業だからですが、それ以上に重要なことは彼らがゴルフを心底好きだからです。それが、ワーカーではなくてプレーヤーなのです。

私は60歳からの働き方はワーカーではなくて、プレーヤーであるべきだと思っています。サラリーマンとして働くにせよ、自営で独立するにせよ、自分の好きな仕事、自分のやりたい仕事をやってこそ「60歳からの働き方改革」になるのです。

無理して稼ぐ必要はない

「それはやっぱりきれいごとじゃないの？」「結局稼げなきゃ意味がないのだから、自分の好きなことをやれと言ってもそんなことできるわけがないよね」と言う人もいるでしょう。でも、それは自分の好きなことを仕事にしようとチャレンジしたことがない人の発想です。私自身、証券会社の営業マンでしたから、今の仕事（文筆・講演業）とは似ても似つかない仕事を現役時代はやっていました。でも、昔から人前で話したり文章を書いたりするのは嫌いではなかったので、何とかこれで仕事をすることができないかと考えたのです。最初の1～2年こそ、なかなか仕事はありませんでしたが、好きなことをするのですから時間もたっぷりかけて、良いものを作ろうという信念で続けているうちに少しずつ仕事が来るようになったのです。そして現在は、執筆と講演のプレーヤーとして活動しているつもりです。

それに、定年以降の仕事はそれほど無理して稼ぐ必要はありません。なぜなら年金をもらえば、最低限生活だけは何とかなるからです（年金自体は65歳からですが、繰り上げ請求すれば60歳からでも受け取れますから）。生活費の全てを働いて稼ぐ必要はなく、月に3万円でも5万円でも稼ぐことができれば十分だということは第4章の5でお話をした通りです。だとすれば、「生活のために働く」という考え方から「自分のやりたいことのために働く」という風に、自分で働き方改革をやってみるのも悪くありません。

『ライフ・シフト』が意味するところ

２０１６年に出版された『ライフ・シフト』リンダ・グラットン／アンドリュー・スコット（東洋経済新報社）という本があります。実に30万部を超えるベストセラーで、「人生１００年時代」という言葉は、まさにこの本がきっかけになったと言ってもいいのですが、実際この本にはこれからの生き方についてのヒントが満載です。ここでは詳しく述べませんが、ひと言でこの本の言いたいことを表すと、「これからは人生におけるギアチェンジのタイミングを考え直した方がいい」ということだと私は解釈しています。今まで多くの人は20歳前後で学校を出て就職し、60歳まで働いて引退し、後は老後という時代でした。つまり、人生のギアチェンジは20歳の頃と60歳の頃だったのです。でも、もしこれから１００歳まで生きるとしたら、もう少しそのタイミングにはバラエティがあってもいいのではないかと思うのです。

60歳までひたすら会社のために働いて、後は引退というのではあまりにも寂しいと言わざるを得ません。「林住期」のところでもお話をしたように、50歳からの人生が黄金時代に入るとすれば、その少し前からギアチェンジをする、あるいは60歳からモードを変えるにしても50代からそれに備えるということがあってもいいのではないでしょうか。シフトチェンジをするタイミングや変え方は人それぞれであってもいいと思います。要は、自分のやりたいことを仕事にするという発想を持ってみることが大事かと思います。それこそが、自分で考える「60歳からの働き方改革」なのです。

3 つながりを大切に

60歳からのキーワードは「つながり」

さて、ここまで人生100年時代に考えておくべきことや、どんな発想をすればいいかということについて色々とお話をしてきましたが、最後に60歳以降の人生に向けて最も大切なキーワードについて申し上げます。それは、ひと言で言えば「つながり」です。人とのつながり、社会とのつながり、家族とのつながり等々ありとあらゆるものとつながることこそが、60歳からの幸せな人生を過ごすために必要なことと言っていいでしょう。

本書は、「60歳が近づくにあたって十分な蓄えがないけど、どうすればいいか？

ということについて考えてみる」というのがコンセプトになっています。したがって、もっと手っ取り早く儲かる方法とか、少ないお金でも暮らせるお得情報が欲しいと思って読み始めた方も多いと思います。ところが、ここまで読んでいただいてわかるように、そのような秘策やお得情報などという類の話は一切出てきませんし、そんなものはありません。そもそも短い期間でお金を大きく増やす方法などは存在しませんし、やたら節約さえすればいいというわけでもないからです。

結局、定年後も可能な限り働き続けること、そして自分の今後の生活を見据えて、支出の見直しを行うこと、そして考えられる公的な保障制度をフルに活用することの三つしか方法はないのです。中でも最も重要なのは、「働き続けること」と言っても差し支えないでしょう。何度もお話ししてきたように、「働くこと」を苦行と考えず、自分のやりたいことを優先して楽しく働くことが最も大切なことです。

それができるためには、何と言っても仕事のできる場がなければなりません。どこかに勤めるにせよ、自分で商売を営むにせよ、それができるようにするための機会を見つけることが何よりも大切です。そこで、最も大切になってくるのが「つながり」

なのです。

なぜ「つながり」が大切なのか？

では、なぜ「つながり」が大切なのでしょう。定年後も働く、特に65歳以降も働く場合に大切なのは人脈だ、というのは恐らく誰でも想像できることだと思います。ところが、多くの人が勘違いしているのは「人脈とは知り合いが多いこと」だと思っていることです。

でも、これは違います。単に知り合いがいるだけでは人脈になりません。仕事をするうえでの人脈というのは「あなたに何ができて、何が得意なのか」をちゃんと理解してくれている人を言います。例えば、会社にいる間は周りの人はみんな人脈です。仕事を通じてあなたの能力をちゃんと知っているからです。でも、会社を辞めれば、そういう人脈はみんななくなってしまいます。したがって、在職中から会社以外のところで自分の仕事の能力を理解してくれている人を作ることが大切なのです。

よく、「自分の能力の棚卸をしなさい」ということを言われることもありますが、自分で自分の能力を正しく理解している人なんてほとんどいません。大概は自分の能力を過大評価しているか、逆に自分の能力に気がついていないことが多いのです。自分の評価とは他人がするものです。だからこそ、「つながり」が大事なのです。人とつながることによって、自分の能力をよく知る人を通じて仕事の機会が生まれてくるのです。

相手に対して何かしてあげないと「つながり」は作れない

では、どうすれば「つながり」を作ることができるのでしょう。これも多くの人が勘違いをしているのは、とにかくたくさんの知り合いを作ろうとすることです。もちろん知り合いをたくさん作ること自体はいいことですが、それだけではダメです。それ以上に大切なことは、「相手に何かをしてあげる」ということです。

考えてみてください。一緒に仕事をしている会社の仲間でもない他人にあなたの能力や得意なことが理解できるでしょうか？　恐らくそれは無理です。他人にあなたの能力を知ってもらう一番いい方法は、困っていることがあれば相談に乗ってあげたり、アドバイスしてあげたりする。そして、何かを頼まれた時には快く引き受けてあげることです。そういうことをしてあげて、初めてあなたの価値や能力が評価されることになるからです。その場合、問題を解決するにはあなたが直接できることでなくても構いません。そういうことができる人を紹介してあげたり、どうすれば解決できるかをアドバイスしてあげたりするだけでも構わないのです。

私は会社を辞めた後に起業しましたが、最初は全くと言っていいほど仕事がありませんでした。考えてもみれば、これは当たり前です。私の仕事の能力を知っている人は元の会社のメンバー以外には誰もいないからです。そんな中、私はできるだけ多くの会合に出かけて行き、知り合いをたくさん作るとともに、今までの自分の人脈や経験を生かして頼まれたことや相談されたことをすべて無償でやってあげるようにしました。そういうことが続いていったことで、退職後1～2年くらい経った頃から少しずつ仕事が来るようになったのです。

サラリーマンを卒業して自分で仕事をやっていくようにするためには、「ギブアンドテイク」ではなく「ギブファースト」でないとダメだと私は思っています。つまり、何かをしてあげないと「つながり」を作ることはできないということなのです。

家族や友達とのつながりも大事

そして、「つながり」は仕事だけではなく、家族でも大事です。仕事自体はあくまでも手段であり、定年後の生活の目的というわけではありません。いかに幸せな生活を送るか、ということが最も大切であり、そのためには「自分と家族がどんな暮らしをしたいか」を最優先で考えるべきなのです。

よくありがちなことですが、パートナーの気持ちや意思を深く考えずに定年後に地方へ移住しようとして揉《も》めるということがあります。なぜそんなことになるのかというと、それはパートナーとの「つながり」がないから、あるいは弱いからです。別な言い方をすれば、日頃から十分なコミュニケーションができていないからです。雑談でも他愛のないことでもいいので、日常的に話をすることが必要なのです。面白いことにかなりの高齢になってくると自然に夫婦でコミュニケーションができてくる傾向がありますが、40代、50代ではまだまだそこまでは行きません。したがって定年に向けた時期においては、互いに相手を意識して「つながり」を持とうという努力はした方がいいと思います。

それからパートナーと同様、場合によってはそれ以上に大切なのは、友達とのつながりです。会社にいる間は、友人がたくさんいると思っていますが、実はそれは単なる知人で友人ではありません。知人と友人とは全く別物です。直接的な利害関係がなくても同じ会社にいれば自然に付き合う人達、それが知人です。しかし、会社を辞めるとそういう人たちとは全く疎遠になります。したがって、在職中から同じ会社以外の友人を少しずつでも作っていくのはいいことだと思います。例えば、中学や高校時代の友人との復活も楽しいものです。

私も昔勤めていた会社時代の知り合いとはほとんど交流がなくなりましたが、その代わり退職後に知り合った友人はたくさんできました。実を言えば私自身、退職するまで社外の人との交流はほとんどなく、退職後に様々な会合やグループに入ったことで多くの人と知り合うことができて、友達も増えていったのです。そういう人達とは遊びの楽しみだけではなく、仕事のつながりもできてくるようになりました。

老後に特段お金をかけなくても楽しいことはたくさんあります。それまでに交流する機会のなかったような人とのつながりはとても面白いものです。そんな「つながり」があれば、それなりに楽しい生活を送ることができるということを忘れないでください。

おわりに

本書を読んでいただいたみなさんはどんな印象を持たれたでしょうか。「どれもこれも当たり前のことしか書いていないじゃないか」と感じた方もいらっしゃる一方で、「目からウロコのような話が一杯だった」と思った方もいることでしょう。本書を書き終えるにあたり、最後に私がとても大切に考えていることをみなさんにお伝えしたいと思います。人生の目的は「幸せになること」だと私は思っています。特に定年という大きな節目を経てセカンドライフに入ることで、残りの何十年かの人生を幸せに過ごすことは何よりも大切です。そのために必要なのは、健康、友人や家族とのつながり、趣味、社会への貢献そしてお金といった事柄です。人生を幸せにするためは、これらのいずれもがバランスよく備わっていることが大切です。

ところが、多くの人はお金に対する不安をまず考えます。でもこれは仕方がないことです。自分がリタイアした後の生活がどうなるかということを金銭面で予測するのは誰にとっても難しいことだからです。そこで本書はお金のことを中心に、もう少し具体的に言えば、お金の不安をなくすということを中心にお話ししてきました。定年後を安心して暮らすために必要なことは、たった三つしかありません。

1．生涯にわたる収支をざっくりと把握しておくこと
2．元気で働けるうちは働き続けること
3．お金に関するごく基本的でシンプルなルールを身につけておくこと

本書ではこれらについて、できるだけわかりやすく書いたつもりですが、実際にどうやってこれを実行するかということを考えた場合、人それぞれによって全く事情が異なります。したがって、この三つのルールをベースにして、一人ひとりが「自分はどうすべきだろうか？」と考えていただければいいと思います。本書はあくまでもそれを考えるきっかけに過ぎません。

本書をお読みいただいて、定年後に抱えていたお金に対する不安がいささかでも解消することができた、あるいはこれをきっかけにして具体的に行動をしてみようと考えてくださる方がいたとしたら、これに勝る喜びはありません。今日から、幸せなセカンドライフに向けての一歩を踏み出していただければと思います。なにしろあなたにとって、今日はあなたの残りの人生の中で一番若い日なのですから。

二〇一九年四月　大江英樹

大江英樹（おおえ・ひでき）

経済コラムニスト／オフィス・リベルタス代表
大手証券会社で25年間にわたって個人の資産運用業務に従事。2001年に確定拠出年金法が施行される前から確定拠出年金ビジネスに携わってきた業界の草分け的存在。日本での導入第1号であるすかいらーくをはじめ、トヨタ自動車などの導入にあたってコンサルティングを担当。2003年より大手証券グループの確定拠出年金部長、2015年からは企業年金連合会の「確定拠出年金継続教育実践ハンドブック検討会」の座長を務める。2012年に独立後は、「サラリーマンが退職後、幸せな生活を送れるよう支援する」という信念のもと、行動経済学、資産運用、企業年金、シニア層向けライフプラン等をテーマとし、各種マスコミや媒体への寄稿や書籍の執筆、各地でのFP向け研修や投資家向けの講演を行っている。CFP（日本FP協会認定）1級ファイナンシャルプラニング技能士、日本証券アナリスト協会検定会員、行動経済学会会員、日本FP学会会員。主な著書に『定年前　50歳から始める「定活」』（朝日新聞出版）、『知らないと損する　経済とおかねの超基本1年生』（東洋経済新報社）など多数ある。

「定年後」の“お金の不安”をなくす
貯金がなくても安心老後をすごす方法

2019年6月21日　初版発行

著　者　大江英樹
発行者　野村直克
発行所　総合法令出版株式会社
〒103-0001 東京都中央区日本橋小伝馬町15-18
ユニゾ小伝馬町ビル9階
電話　03-5623-5121
印刷・製本　中央精版印刷株式会社

落丁・乱丁本はお取替えいたします。

ISBN 978-4-86280-689-5
総合法令出版ホームページ　http://www.horei.com/